指文® 战争事典 014

战争事典

WAR STORY 1506

指文烽火工作室 著

中国长安出版社

图书在版编目（CIP）数据

战争事典. 014 / 指文烽火工作室著. -- 北京：中国长安出版社, 2015.9
ISBN 978-7-5107-0952-4

Ⅰ. ①战… Ⅱ. ①指… Ⅲ. ①战争史－史料－世界 Ⅳ. ①E19

中国版本图书馆CIP数据核字(2015)第221137号

战争事典 014

指文烽火工作室　著

出版：中国长安出版社
社址：北京市东城区北池子大街 14 号（100006）
网址：http://www.ccapress.com
邮箱：capress@163.com
印刷：重庆共创印务有限公司
发行：中国长安出版社
电话：（010）85099947 85099948
开本：787mm × 1092mm 16 开
印张：12
字数：200 千字
版本：2021 年 1 月第 3 版 2021 年 1 月第 1 次印刷

书号：ISBN 978-7-5107-0952-4
定价：79.80 元

出版寄语

《战争事典》一书挖掘真实历史，还原战争现场，宛如一部再现军事历史的优秀纪录片，弥补了军事历史图书的空白。

——郭威，纪录片导演

《战争事典》是一套充满故事性和知识性，并能给人启迪的图书。指文所打造的这个系列对军事历史有着独到的看法和眼光，细致而全面。它能让你看到更加生动的历史，是一场不可错过的历史知识盛宴。

——蔡小心，抗美援朝战史学者、党史研究者，歧路书院名誉总编辑

《战争事典》的新颖别致之处不仅仅在于它的选题和探究性，更重要的是它为军事历史的新科普模式进行了可贵的尝试。祝愿指文烽火未来的工作领域能够更加广阔！

——党人碑，北朝论坛总版主，宋史学人

人类历史就是一部战争史。《战争事典》在战争中讲述历史，也如同在历史中讲述战争。我相信每一个读者都会从这系列书里找到最合乎自己口味的历史。

——顾剑，军事历史作家

《战争事典》的每一个故事都是一段精彩的战争重现。指文烽火能带你穿越历史，领略军事家们的精彩博弈。

——经略幽燕我童贯，网络知名历史研究者

指文的各位作者不仅通晓战史，而且文笔流畅。他们共同打造的《战争事典》更是一套挖掘真实历史，还原战争实景的好书！

——江上苇，《南方都市报》专栏作家，天涯煮酒论史资深版主，历史作家

历史是严肃的，也是生动的；战争是残酷的，但也不排斥温情。阅读《战争事典》，将领略种种截然不同的军事历史。

——陆大鹏，西洋历史研究者

《战争事典》不但重在剖析历史上的战争战法与英雄传奇，更从不同的角度诠释了战争的根源和制胜的内核。可以说，这套书为读者提供了独特的思考方式与想象空间。

——毛小曼，中西书局副总编辑

《战争事典》为军事爱好者提供了一席学习之地，指文烽火工作室给大家带来了一个以笔会友的广阔平台。

——齐明，英国传统弓促进协会会员，正鹄弓箭社社长

战争历史往往被误导的迷雾和刻意的扭曲所掩盖，《战争事典》对此的解析却是理性的、深刻的。它帮我们还原了史实，引领我们穿越在那个历史的时空里。

——石炜，知名媒体人，军事史作家

历史不是演义，需要在精细考据中大胆求证，才能帮助读者树立一个崭新的历史观，启迪心智，培养阅读的快感。《战争事典》就是这样的好书！

——赵国星，笔名二手翻译小熊猫，新时代出版社编辑

对于战争，人们往往倾向于讨论它的胜负，而不去探究其余。指文烽火工作室的《战争事典》却带着读者透过纸背，探寻战争历史的真实内在。

——张子平，笔名清海，日本神奈川大学历史民俗资料学博士，16—17 世纪东北亚国际关系史研究者

《战争事典》汇聚古今，融萃中外，指文图书集战事战史于一处，实为战争历史之精品！

——秋李子，言情小说作家

《战争事典》既写战争之事，又不离史实之根。客观精到的战争局势分析，更是指文烽火工作室创作精神的精妙所在。

——穆好古，近代史研究者、民国史作者

《战争事典》对历史战争的重新挖掘很新颖，让我对观察历史的视角有了新的突破，我相信指文的读者们也会从中受益很多的。

——李楠，历史社科作家

一本好书，一杯香茗，拥此书在怀，足矣。祝福《战争事典》！

——陈肯，文史书作家、编剧

《战争事典》筑基于史实之上，炼字于沙场之间。指文烽火这种写史于事，述战于武的创作模式，可谓开启了军事历史类图书的新风尚。

——周晨鸣，知远防务研究所研究员、军事评论家

《战争事典》是关于世界战争历史的优秀图书。它立足于史料而又不拘泥于史料，风格厚重雄浑而又不乏精巧，可谓写尽了人类在战争中的英勇与智慧。

——安迪斯晨风，山坡网主编、独立书评人

愿《战争事典》精雕细琢、精益求精，最终成为军事书籍中不朽之传奇。

——王晓明，资深军事历史地图研究者、编制者

《战争事典》内容全面、文采斐然、图文并茂、制作精美。指文烽火工作室的这番努力对于喜欢军事文化的读者，无疑是一个福音。

——马平安，中国社会科学院近代史研究所学者

继往开来，希望《战争事典》能成为中国军事爱好者的宝典，祝愿指文越办越好！

——本垒打，"二战"研究者、战史研究者、军刊主编

这是一本跨越五千年波澜壮阔战争史的绚丽画卷，更是一本从战争历史探讨人类社会文化进步与发展规律的高水平文集，感谢《战争事典》为我们呈现了不一样的战争史。

——reichsrommel，专业勋赏文化文集《号角》主编

期望该军事文化文集能引领我们全面领略波澜壮阔的古战争历史画卷！

——刚寒锋，《较量》杂志总编，《号角》杂志联合创始人

精美的排版、详实专业的内容，连我一个对古战毫无兴趣的人都被深深迷住了，无法自拔。

——raingun，国内研究党卫军的战史专家

希望《战争事典》成为最好的历史文化系列丛书。

——宇文若尘，文史作家、编剧

《战争事典》讲述了一个个我知之甚少，甚至是闻所未闻的人物和故事，极大地丰富了我对古战争史的认知。如果说有什么遗憾的话，那就是此类图书在国内还是太少。能潜心钻研、撰写自己喜爱的那段历史，真好。

——小小冰人，著名军事图书翻译专家

《战争事典》以独到的视角与力度阐释了战争史爱好者和研究者们孜孜以求的旨趣，各系列宏文无疑昭示出，无论是爱好、还是研究战争史，其境界无涯、乐趣无边也！

——汪冰，著名军事图书作家

指文烽火工作室的《战争事典》让我们这些军事历史与弓术爱好者，有了自己的"黄金屋"！

——宇文拓，中国联合弓会负责人

CONTENTS
目录

前言

2001 年，教皇约翰 · 保罗二世致信东正教会，写道：“可悲的是，行凶者本来是为了争取基督徒自由出入圣地的权利，却进攻了同样信仰基督教的兄弟。”这被视为罗马教会对东正教会迟到了将近 800 年的道歉，即为 1204 年第四次十字军东征时，十字军攻占君士坦丁堡的行为道歉。《1204 君士坦丁堡的第一次陷落》一文就讲述了这段充满血雨腥风，最终导致罗马教会与东正教会彻底分裂的沉重历史。

让 62 万美国人死于非命的南北战争，常被视为美国有史以来最为惨烈的一场战争。可决定这场血战胜利的一个重要砝码却很少被人关注，那就是后勤的根本——军粮。《餐桌论输赢——南北战争中的美军伙食》一文将向读者揭示，军粮在南北战争中是如何影响战役胜负，乃至决定战争走向的。

目前，来自中东地区的大量难民正途经土耳其涌入欧洲腹地，带来了治安和民生问题，也引起了欧盟各国之间的外交纠纷。然而几百年前，这条路上涌入的则是奥斯曼帝国的大军，带来的是战火，期间更有法兰西为了对抗同样信仰天主教的哈布斯堡人，不惜与信仰伊斯兰教的奥斯曼帝国联盟的秘辛！这些，正是《地中海三国演义》将向您讲述的。

魔术一词是外来语，按流派可分为道具魔术和心灵魔术两种，我国史书将魔术称为“幻术”。南北朝时期，我国有一位无论是道具魔术还是心灵魔术都炉火纯青的超级魔术师——奇人陆法和。《陆法和：不败的魔术师》将展现自侯景之乱开始，陆法和在乱世舞台上的精彩表演。

烽火

2015 年 10 月

1204 君士坦丁堡的第一次陷落

西欧人对拜占庭帝国的反戈一击

作者：王顺君

噢！城市！城市！你是所有城市中最尊贵的，声震寰宇！超凡的奇迹，教会的婢女，公义的领袖，正教会的舵手，演说家挚爱的主题，你是世间美与善的化身！噢！城市，已醉倒在盛满上帝愤怒的酒杯中！噢！城市，已湮灭在大火中……

——拜占庭编年史学家尼西塔斯·蔡尼亚提斯（Niketas Choniates）

◎《君士坦丁堡的陷落》，德拉克洛瓦绘于1840年。

战火之兆：东征再起

1453 年奥斯曼帝国攻陷君士坦丁堡，拜占庭帝国灭亡的历史巨变已被很多人所熟知。但鲜为人知的是，1204 年时君士坦丁堡就已经陷落过一次，那一次的陷落已险些将拜占庭帝国带向灭亡。尼西塔斯·蔡尼亚提斯所记述的正是那一次浩劫。浩劫中更有出人意料之处——攻陷并洗劫这座城市的并非什么宿仇冤家，而是拜占庭之前的盟友，同为基督教世界的西欧人！面对这段“同室操戈”的悲剧，19 世纪的著名画家德拉克洛瓦创作了《君士坦丁堡的陷落》一画，再现那段充满虐杀、掠夺和迫害的日子。

当然，仅凭几句羊皮纸上的记述以及一幅油画并不能说清那段掺杂着血雨腥风和国家兴替的历史诗篇。要想了解那段历史，就要从第四次十字军东征开始讲起。

众所周知，阵容豪华的第三次十字军东征并没有收复耶路撒冷，但中东重要的海港城市阿克重新被欧洲人攻陷（1191 年）。这个胜利多少使得这次消耗巨大的征伐避免了无功而返的尴尬境地。然而，欧洲人决不满足于现状，1193 年阿尤布王朝的创立者埃及苏丹萨拉丁死后，埃及陷入继承人之争的混乱，让欧洲人重新看到了夺回圣城的希望。1195 年，野心勃勃、手握西西里王位的巴巴罗萨之子亨利六世开始着手准备东征事宜。他意图和教廷争取十字军的发动权，并沿袭诺曼 - 西西里王国的地中海争霸政策，压制拜占庭的势力。但当德意志十字军的先头部队漂泊在海上时，年轻的皇帝却在墨西拿因疟疾逝世（1197 年）。这次出兵虽然戛然而止，但还是打通了通往推罗的通道，使十字军国家之后能在狭窄的海岸边继续维持了近一个世纪之久。

1198 年，亨利六世死后的第二年，时年 37 岁的塞格尼的洛塔利欧成了“英诺森三世”的教皇。这位拥有“刚健、明智和敏锐”性格，并以杰出的口才和卓越的法学理性知识而著名的英诺森三世，一扫老弱前任们的颓势，开始了其辉煌的统治。他十八年教皇生涯中最重要的事除了“纯洁教会”的理想（这是他取圣名为“英诺森”的初衷），便是那块从未片刻放下的

◎ *教皇英诺森三世（约1160—1216年）*

心头大石——“解放圣地”。因此，他一上任就将自己的旨意传播到每个城市、乡村和城堡，以激起又一次十字军东征的浪潮。教皇号召所有的基督徒都要为了“解救圣城”而远征耶路撒冷，并命令各国修道院、教会和神职人员都要献出其财产和收入的四分之一作为捐税支援东征，每个教堂还要为十字军设立专门的捐款箱。他自己还表示愿献出财产的十分之一，以拯救东方的“基督教兄弟们”。召开会议赦免十字军、由教会出面保护十字军参加者的财产、减免其利息和债务等一系列鼓励举措，也都在他的推动下逐次施行。

教皇更是致信给拜占庭皇帝阿莱克修斯三世，指责后者不给予圣地任何援助，并要求他承认罗马教会的至高地位。他暗示：如果拒绝这个要求，西方可能会对拜占庭采取行动。1199 年 2 月，拜占庭皇帝回复了一封同样强硬的指责书信。英诺森三世之所以提起这次冲突，是因为自 11 世纪中叶东西方教会大分裂以来，东正教会在拜占庭皇帝所任命的君士坦丁堡大牧首的带领下，与罗马大公教会分庭抗礼。对这种已经持续一百多年的现状，个性强硬、手段过人的英诺森三世自然不会坐视不理，听之任之。

11 世纪东西教会大分裂

在基督教传播过程中，罗马教会作为帝国心脏的教会具有举足轻重的作用和地位。又因为圣彼得、圣保罗两位教会奠基人以及多位早期虔诚信徒均在罗马殉道，罗马教会具有神学意义上的优先地位。325 年，在尼西亚召开了基督教有史以来的第一次普世大公会议——尼西亚大公会议，此次大公会议所颁布的法令规定：罗马教会列于各地方教会之首。

但是，在罗马帝国于 4 世纪迁都后，君士坦丁堡教会的地位日隆，东西教会在礼仪、教规及习俗上的分歧也随之而起。待到罗马帝国分裂后，这种差异分化日趋明显。教义上，双方最大的争论在于是否将“和子”（filioque）一词加入《尼西亚信经》。西方教会认为“圣神由圣父和圣子共发”，而东方教会则坚持“圣神由圣父发出”，并指责对方篡改教义。双方有关礼仪和习俗的争论更是千奇百怪：弥撒使用的是有酵饼还是无酵饼、四旬斋期内唱不唱阿肋路亚等。总之，针对礼仪，两派争执不休，双方关系也经历过诸如破坏圣像、佛希亚斯的分裂等一连串的不愉快和敌对行为。1054 年，经过一系列冲突，罗马教皇和君士坦丁堡牧首互相将对方绝罚，罗马大公教会（入华耶稣会士翻译成“天主教”）和东正教会终于正式分裂了。

此后，东西教会走上了不同的发展道路，拜占庭人把忠于罗马大公教会、宗教礼仪采取罗马礼并使用拉丁语的西方信徒们统称为“拉丁人”（并非今日拉丁美洲的“拉美人”之意）。罗马大公教会在经历 11 世纪的克吕尼改革后，致力成为独立于世俗政权之外的国际政治势力；东正教会则依附于皇权下，渐渐沦为皇权的点缀，他们在教义上又互称“异端”。罗马大公教会极力主张基督教会的统一，认为“罗马是一切教会的首领和母亲”。在十字军东征的进程中，双方的各种交流也常常以不愉快告终。拜占庭帝国屡屡和穆斯林结盟，使得拉丁人认定君士坦丁堡是东征路上的绊脚石。神圣罗马帝国的两任皇帝“红胡子”腓特烈一世和亨利六世都制定过攻击君士坦丁堡的军事计划，虽然由于各种原因没有实施，却足够表明拉丁人对夺取君士坦丁堡已磨刀霍霍，箭在弦上了。

东西教会大分裂
（1054 年）
教会
公教会
米派
挪威
瑞典
丹麦
爱沙尼亚人
拉脱维亚人
立陶宛人
普鲁士人
东部斯拉夫诸公国
波兰
库曼人
神圣罗马帝国
匈牙利王国
佩切涅格人
第
威尼斯
克罗地亚
教皇国
拜占庭
帝国

为了筹备东征，教皇英诺森三世甚至派了两位枢机主教前往巴勒斯坦，预备为之后来到的大军铺路。不过，这两位枢机主教在去东方之前还担负有许多额外的重任，其中一位索弗雷多（Soffredo）被派到威尼斯去争取威尼斯人的支持，另一位卡普阿的彼得（Peter of Capuano）被派到法国去造声势。此外，两位枢机主教还要调停热那亚和比萨这两个航海城市之间的敌对矛盾，让他们缔结和平条约、一致对外。两个主教最重要的任务则是为这次十字军东征的大军寻找一位领军人物。

然而，当时的神圣罗马帝国正处于王位继承权内战中，无暇东顾；英法两国的在位国王"狮心王"理查一世和菲利普二世对这次新的十字军远征意兴阑珊，他们几年前才从第三次十字军东征的艰难困苦中返回家乡，受够了东征的苦头，理查一世甚至对特使戏弄和嘲讽了一番。但是，那些封建领主们的好战天性使得关于十字军的布道依然取得众多响应。枢机主教彼得在第戎颁布了教宗的训谕，佛兰德和埃诺伯爵鲍德温九世、布卢瓦和沙特尔伯爵路易、布洛涅和图卢兹的伯爵等纷纷领取十字架参加十字军。

1199年11月，在埃纳河边的埃夫里城堡举行比武大会期间，教皇英诺森三世亲自指定的法国宣传专员富尔克·德·讷伊为众贵族进行十字军布道。他极富感染力的布道使得响应者如云，在场的香槟伯爵提奥巴尔德三世领取了十字架并成为十字军领袖。这位年仅20岁、血气方刚的年轻人是英法两位国王的外甥，踌躇满志的他愿以父兄为榜样建功立业：他的父亲参加过第二次十字军东征，而哥哥香槟的亨利娶了伊莎贝拉女王而成为耶路撒冷国王。虽然香槟伯爵血统高贵，但比起前两次十字军东征均有国君级的首领带领，这次十字军显得势力单薄。不过，提奥巴尔德身边依然聚集了佛兰德伯爵鲍德温、布卢瓦伯爵路易、蒙特福特的西蒙以及来自法国北部和荷兰的众多贵族，布吕赫城堡的堡主内勒的约翰也立刻组建了一支军队与他一起航海前往圣地，欧坦主教瓦尔特也做好准备从马赛出发。按计划，第四次十字军的主力要从威尼斯出发乘船航海前往圣地。于是，作为大军首领的提奥巴尔德派遣维尔哈杜因的若弗鲁瓦前往威尼斯，与总督恩里科·丹多洛谈判。但是，提奥巴尔德没有能看到大军出发，他在1201年就突然去世了。

香槟伯爵死后，由北意大利的蒙特费拉特侯爵博尼法斯继任十字军领袖。当时，50岁的博尼法斯是"一位高贵的男人并且是活着的人中最受尊敬者"。之所以选择他自然不是因为他的"高贵"，最重要的原因在于他是当时欧洲王室错综复杂联姻关系的一个交叉点：一方面，他的哥哥就是前耶路撒冷女王西比拉的第一任丈夫

◎ 香槟伯爵提奥巴尔德三世的骑士印章

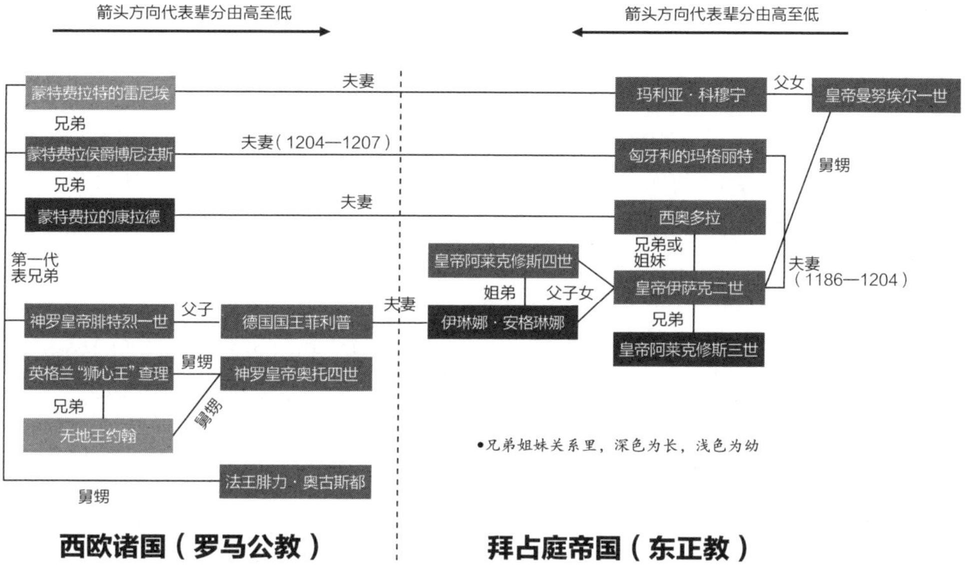

◎ 东西方王室错综复杂的联姻关系

"长剑"威廉，并和女王生下了早夭的小国王鲍德温五世，他的另一个兄弟康拉德又是现任耶路撒冷女王伊莎贝拉的前夫；另一方面，他是已经去世的神圣罗马帝国皇帝腓特烈·巴巴罗萨和法王路易七世的表亲。此外，博尼法斯和拜占庭帝国还有血缘之外的特殊关系：他的弟弟雷尼埃曾经娶了曼努埃尔一世的女儿为妻，却被安德洛尼卡一世毒杀；他的哥哥康拉德曾娶过伊萨克二世的姐妹，但拜占庭人利用完他后就将其抛弃了，侯爵因此对拜占庭帝国心怀不满。综上所述，他这种身份的人担当此职再适合不过了。1201 年 9 月 14 日，在圣十字节这一天，蒙特费拉特侯爵正式领取十字架，参加了十字军。

第四次十字军的预计攻击目标是阿尤布王朝的首都——开罗，这是一个大胆的战略性攻击计划，意在攻击重要的首都使穆斯林无法兼顾圣地。因此，维尔哈杜因的若弗鲁瓦曾写道："因为攻击这里比任

◎ 蒙特费拉特侯爵博尼法斯一世发誓参加十字军

何别的地方对土耳其人造成的伤害都大。”不过，当时这项决定还属于军事秘密，普通的十字军战士还以为目标是巴勒斯坦。十字军计划于1202年6月29日（圣彼得和保罗日）扬帆出海，这项计划得到了教皇的同意，但要求不能攻击基督徒。

博尼法斯派遣特使前往各个海港城市协商大军的运输事宜，但热那亚正忙着和比萨打仗（看来两位枢机主教的任务并没有完成得十分圆满），似乎并不感兴趣。如此一来，拥有技术与资源将整支军队运送到东方的城市便只有一座——威尼斯。

“先做威尼斯人，再做基督徒”

威尼斯原本只是亚得里亚海北端泻湖上的一个珊瑚岛。威尼斯城，起源于公元5世纪，最初是躲避蛮族者的避难所。狭长的亚得里亚海位于东西方商路之间，锯齿状犬牙交错的海岸线便于船只靠泊，特殊的地理环境为威尼斯人“靠海为生”提供了很大便利。除了捕鱼、煮盐外，航海和贸易是当地居民最重要的谋生手段。

大约7世纪初前后，已有威尼斯人从事海上贸易活动，与君士坦丁堡的联系在威尼斯的早期发展中至关重要。在715年之前，威尼斯已与拜占庭帝国签订了通商条约，条约规定威尼斯人只需交付正式批准的通行费，就能在帝国各城市中享有贸易的自由。而当时的西地中海和西西里还处于信仰伊斯兰教的萨拉森人绝对控制下。借助这样的地利天时，威尼斯人通过对东方香料和丝绸贸易的垄断聚敛了大量财富，并在10世纪后建立起了实际独立的国家，实行民主共和制度。不过，与其说威尼斯共和国是一个国家，不如说其更像一个大公司，利润压倒了一切，成为所有政策的出发点。

11世纪，诺曼人渐渐成为拜占庭帝国的肘腋之患。他们征服了西西里，并在1071年攻占拜占庭帝国在南意大利最后的据点巴里城，随即将目标指向整个拜占庭帝国。为了得到盟友，对抗正在意大利和色萨利迅速扩张地盘的诺曼人，拜占庭皇帝给了威尼斯种种经济特权。因威尼斯人的帮助，帝国才得以消灭西西里的诺曼人海军，所以帝国皇帝宣布在拜占庭全境免除威尼斯人的一切营业税、进口税、售货税、港口税和船坞税，等等。威尼斯和君士坦丁堡自此进入蜜月期，大量财富源源不断地进入威尼斯。

◎ 威尼斯共和国的旗帜——圣马可之旗

威尼斯的圣马可大教堂

威尼斯人将其财富的一部分用于修建和美化威尼斯。历经千年时光后，威尼斯仍被赞誉为"人类最美丽的人造都市"，城中最灿烂的明珠就是城市中心的圣马可大教堂。传说圣马可为早期教会传播福音的圣徒，坐船经过威尼斯时遇到风暴，大难临头的圣人便向天主祈祷，竟有天使向他显现说："祝你平安，我的福音书作者马可，在这里你的身体将得到安息。"因为这个传说，威尼斯人奉这位圣徒为城市的守护圣人。代表圣马可的是一只狮子，意为"复活"。威尼斯共和国旗帜上也以代表圣马可的翼狮为徽章，狮爪打开的书上写着一行拉丁语："Pax tibi Marce，evangelista meus. Hic requiescet corpus tuum."意思就是传说中天使向圣马可所说的那句话。威尼斯人甚至于828年特地从埃及的亚历山大港偷走了圣马可的遗体，并立志为他建立一座最美丽的大教堂，使他永远安息在威尼斯。

圣马可大教堂被视为威尼斯的心脏，出于爱国心，威尼斯人规定：所有商人远航归来都必须带回文物、艺术品装饰教堂。日积月累，这座大教堂成为无数精致艺术品的宝库，令整座城市熠熠生辉，美不胜收。

◎ 圣马可的翼狮象征着威尼斯，卡尔帕契奥绘于1516年。

◎ 中世纪末期的威尼斯是一座尊贵富有的城市，真蒂莱·贝利尼绘于1496年。

◎ 威尼斯守护圣人圣马可的雕像，矗立在大教堂的最高处。

1201 年四旬斋的第一周，来自法兰西和低地国家的 6 名十字军特使抵达威尼斯。当时正值恩里科·丹多洛担任威尼斯总督的第九年，这位威尼斯的第四十二任总督已年过九旬，尽管双目几乎失明，却依旧是一位充满智慧、令人肃然起敬的长者。经过一个星期的估价和商讨后，威尼斯接下了运送 33500 名十字军的合同。十字军希望能运输 4500 名骑士、9000 名扈从和 20000 名步兵以及他们的所有装备前往东方，同时运输的还包括 9 个月的粮草给养和 4500 匹马。完成这笔合同所需的船只数量巨大，已超过威尼斯当时的制造能力，况且威尼斯总督还答应为十字军提供 50 艘同样尺码、装备精良的桨帆船，因此，威尼斯这座著名的贸易城市只好停止生意全力制作船只。这么巨大的合同，其价码自然很高：威尼斯提出的费用是每人 2 马克、每匹马 4 马克，再加上桨帆船的费用，共是 94000 银马克，可分期支付。此外，威尼斯人还要求和十字军分享战利品。

虽然这笔运费极其昂贵（相当于法兰西王国一年的收入），堪称是中世纪价值最高的商业合同，但特使们还是同意了威尼斯人的条件。作为承运方的威尼斯，也是经过民主程序才确定接受它的：总督先在五十人的大议会里商讨，然后在两百名公社代表中通过。在主日圣马可大教堂的万人弥撒上，十字军的代表单膝跪地大声发誓“我们接受它”，运输合同生效了。次日，所谓的《威尼斯条约》签订，双方以圣物起誓并且报告罗马教皇，约定于第

◎ 威尼斯总督恩里科·丹多洛（约1107—1205年），他全力维护威尼斯在东地中海的贸易特权，使威尼斯得以继续繁荣昌盛。

◎ 威尼斯总督在圣马可教堂与十字军结盟，卡洛·萨拉切尼绘于1619年。

二年圣约翰节（6 月 24 日）集结完毕。

之后，威尼斯人开始全力完成这笔订单。

作为商业城市，威尼斯也有一支强大的海军——军队是商业的盾牌，若要保护威尼斯的商业利益，便需要利剑的威慑。12 世纪初，威尼斯人就建立了著名的“威尼斯军械库”，它是工业革命之前欧洲最大的工业复合体，面积约 45 公顷。在《神曲·地狱篇》中，中世纪最伟大的诗人但丁就曾把军械库中威尼斯人勤奋制造船舶的画面比作地狱的一处场景：

我看那沟渠黑暗得胜似乌漆，
如同在威尼斯人的造船厂里，
把坚硬的沥青熬煮在冬季，
沥青是用来涂抹他们那些磨损的舟楫的，
因为在那个季节，他们无法去航海，
既然如此，有的人就自己制造新舟，
有的人则填补航行过多的船舶的两侧；
有的人加固船尾，有的人则加固船头；
有的人做船桨，有的人卷船缆，
也有的人缝补前帆和主帆。

然而，第四次十字军东征的绝大多数船只却并非来自这个如此著名的军械库，而是由威尼斯的私人造船作坊和工厂制造的。为了能在期限到来前将船只建造完毕并停靠在港口，这些私人工厂以商人信守合约的精神全力以赴，成千上万威尼斯人每天都挥汗如雨地辛勤工作。

和前几次十字军东征一样，此次十字军是由无数股大大小小的部队陆续集合而成，其中法国人占了大多数。除了之前提到的布卢瓦、布洛涅、图卢兹的封建领主，香槟、亚眠、法兰西岛、勃艮第等地的军队，其他的主要力量来自佛兰德和神圣罗马帝国。比如北意大利的蒙特费拉特的军队，当时德意志本土的两位高级僧侣——阿尔萨斯的帕里斯修道院院长马丁和萨克森的哈伯施塔特主教康拉德也都率军征战。由

◎ 威尼斯军械库，加纳莱托绘于1732年，这样的建筑外形是十字军时代后几个世纪才出现的。

于开拔起点分布在欧洲各地，各路军队并没有就必须从威尼斯出发的问题达成一致，其实有不少队伍已经就近从佛兰德、马赛和热那亚等港口出发前往圣地了！于是问题出现了，1201 年，当十字军集合在威尼斯时，才发觉只有大约 12000 人的队伍，远远少于预计人数，可威尼斯为运输 33500 名十字军所制造的 50 艘崭新巨舰已经完全按照合约规定停泊在亚得里亚海边上了。

当时，十字军上下仅能筹集起 51000 银马克，而威尼斯人一口咬定至少得付 85000 银马克。威尼斯人的理由很充分：为了建造规模如此巨大的舰队，仅有 6 万人口的威尼斯城有 2 万 ~3 万人都投入了这项工作，如果订单的钱收不回来，对威尼斯经济的打击是巨大的。况且，由于十字军的出发延期，威尼斯人不得不额外提供住宿和食物补给。可以说，威尼斯政府面临着严重的财务危机，甚至是粮食危机。所以，总督丹多洛几乎是将十字军士兵囚禁在了威尼斯附近的圣・尼可洛・迪・丽多岛上的帐篷里，并威胁如果不能得到全额付款，就切断粮食和饮水供应等补给。

就这样，十字军尚未出发便背上了巨额债务，而且，威尼斯的造船业也很可能血本无归。眼看即将两败俱伤，威尼斯总督丹多洛便提出一个建议：让十字军攻打位于达尔马提亚的扎拉港（今名扎达尔）以抵消债务。整个 12 世纪，这座小城都处于威尼斯的贸易权控制之下，却在 1181 年反叛威尼斯，并与匈牙利国王伊姆雷和克罗地亚人结盟。到了 1202 年，扎拉港已完全摆脱了威尼斯的控制处于独立地位，并依然享有匈牙利国王的保护。当时，此城的势力和财富日增，已经开始威胁到威尼斯的贸易地位，因此威尼斯希望依靠十字军的军力消灭这个亚得里亚海上的贸易对手。

以“攻占扎拉”为交换条件抵消债务，让十字军内部纷争陡起。因为教皇早有言在先，要求他们不可攻击基督徒——扎拉小城居民是基督徒，匈牙利国王也是基督徒并且已经发誓参加了十字军！这让许多人放弃进攻扎拉而打道回府，或者自行去支援巴勒斯坦。回家的人中包括莱切斯特伯爵老西蒙・德・蒙福尔、博韦斯的罗伯特、德沃塞尔奈的居伊等贵族，他们选择先返回意大利，再从阿普利亚的港口前往叙利亚。最后，连首领蒙特费拉特侯爵也离开了。

为了帮助犹豫不决的十字军速下决心，威尼斯总督做出了一个果断又大胆的举动：1202 年 9 月 8 日，在圣马可大教堂的见证下，据说当时年已 95 岁的丹多洛和几千名威尼斯人一同领取十字架，隆重地加入了十字军。这支原本不算强大的十字军队伍因威尼斯海军的支持顿时实力大增，威尼斯也因此能在十字军内部事务的商议中掺上一脚，从商业角度上说，这是一次行之有效的利益捆绑。

于是，威尼斯的军事力量开始成为第四次十字军东征兵力的重要组成部分，甚至成功改变了十字军的进攻战略。因为威尼斯人还有一个不为人知的秘密，他们同埃及阿尤布王朝的苏丹阿迪尔此前就已达成秘密协定——“不攻击埃及”。

◎ 威尼斯总督恩里科·丹多洛和数千威尼斯人在圣马可大教堂内发誓参加十字军的版画，古斯塔夫·多雷绘于19世纪。

◎ 十字军攻打达尔马提亚海边的小城扎拉

这下子，攻击扎拉变成一件水到渠成的事了。即使是事后必定背负的恶名、被教皇“开除教籍”的威胁也都无法动摇剩余十字军为威尼斯打仗还债的决心，他们下海出发了。1202 年 11 月，一支由 50 艘巨型运输船（长 30 米、宽 9 米、高 12 米）、100 艘运马船和 60 艘战舰组成的军队浩浩荡荡向扎拉开去，总计运输 1500 匹战马、4500 名骑士及其扈从、10000~13750 名步兵和低级军士。船上还载有威尼斯提供的粮草：每人 3 升面粉、谷物、半双耳罐葡萄酒，每匹马 25 升粮草。

扎拉小城的居民闻风惊惶失措，为了表明自己的天主教信仰，他们不仅在窗子下挂满了十字架，还在城墙上挂了很多，冀图感化对方。然而，威尼斯人有一句名言：“先做威尼斯人，再做基督徒。”他们是鲜有宗教情怀的商人，利益才是他们最重要的追求。

11 月 23 日，战斗打响。扎拉在港口的水域放置了许多互相交错的铁链，希望抵挡十字军的舰只，但威尼斯建造的大船顺利突破了铁链。此后，十字军至少用了150座攻城机械向小城同时发起猛攻。仅仅一天之后，威尼斯人就鱼贯攻入，该城大多数居民慌忙撤离到邻近岛屿避难。还未和任何穆斯林交手，十字军就已在手上沾染了基督徒的鲜血，帮威尼斯人攻陷了一座信仰基督教的城市，这仿佛也预示了此次十字军东征的命运。

威尼斯借十字军之手对贸易对手扎拉实施军事打击，破城之后立即洗劫该城并占用了最佳资源，一无所得的十字军对于充当威尼斯人的打手一事愤恨不平。以至于城破后第三天晚祷时分，便与威尼斯人在城内街道进行了血腥械斗。双方伤亡人数均在百人左右，但显赫的弗拉芒骑士——朗达的吉勒斯被威尼斯人用箭射穿眼睛而死。

攻陷扎拉后的十字军很快就得到了匈牙利国王伊姆雷愤怒的警告：他也领取了十字架要去解放圣地，现在竟然受到了教内兄弟们的攻击。如果他们不立即乖乖地离开扎拉，他会把他们赶下大海。然而，精明的威尼斯总督丹多洛知道伊姆雷的底细——他的兄弟安德烈正在与伊姆雷内战，伊姆雷无法腾出手管这件事，更不可能率兵远征圣地。总督安抚了剑拔弩张的威尼斯人和十字军，并建议大军在扎拉过冬后再采取下一步的行动。

剑指君士坦丁堡

大致在扎拉之战的前后，十字军的首领博尼法斯返回家乡，拜访了亲戚巴巴罗萨的儿子施瓦本的菲利普，并由此结识了一位拜占庭的流亡王子阿莱克修斯·安格洛斯。这个年仅20岁的王子最终改变了十字军的进军路线。有时候，历史看起来仿佛就是一次偶然。

阿莱克修斯王子的流亡是一场典型的东方式拜占庭宫廷阴谋的结果。1195年，统治拜占庭10年的伊萨克二世因治下政治腐败而不得人心，其长弟阿莱克修斯趁皇帝外出打猎期间，煽动禁军造反，登上了皇位，自称为“阿莱克修斯三世”。伊萨克二世被戳瞎双眼关入大牢，同时被关押的太子阿莱克修斯则通过收买看守逃了出来，并雇佣两位比萨的走私商人把他当作压舱物从君士坦丁堡带到了神圣罗马帝国境内。阿莱克修斯在安科纳登陆，穿过北

◎ 阿莱克修斯三世命人戳瞎伊萨克二世的眼睛

意大利到达维罗纳。1201年，年轻的政治流亡者来到其姐夫菲利普国王的宫廷中，与十字军领袖的结识成为他翻盘的大好机会。

事实上，阿莱克修斯可能并没有真正和蒙特法拉特侯爵有过面对面的会谈（关于这点，众多记载互相矛盾），而是通过施瓦本的菲利普来和侯爵互通诏书。这位前皇位继承人希望十字军帮助他夺回父亲的皇位。为打动博尼法斯侯爵，他承诺提供20万银马克和1万名希腊士兵①帮助十字军，并为圣地的500名骑士提供武装补给，拜占庭海军会将十字军免费运到埃及，等等。最重要的是：王子许诺，从此将东正教会置于罗马教皇的权柄和管辖之下。侯爵认为："如果他帮助我们重新夺取十字军国家②，我们将帮助他征服他的国家，因为他和他的父亲受到了不公正的待遇。"

无论对十字军首领博尼法斯侯爵还是罗马教廷，甚至是对施瓦本的菲利普所代表的神圣罗马帝国（西方帝国）而言，这都是千载难逢的机会。因为如前面所说，早在前两位皇帝巴巴罗萨和亨利六世在位时，攻打君士坦丁堡和拜占庭帝国的计划就已制定完成。再加上还能促使拜占庭帝国帮忙收复圣地，这样的"曲线救圣地"真是再好不过了。于是，侯爵郑重答应帮助阿莱克修斯进行他的"复国大业"。

1203年冬季，教皇英诺森三世因十字

◎ 施瓦本的菲利普（1177—1208年），他是伊萨克二世的女婿，以丈人和小舅子权益的保护人自居。

① 其实，拜占庭人在文化和人种上是希腊人。虽然他们喜欢以罗马人自称，但其他国家和民族更喜欢称他们为希腊人，拜占庭人则是后世冠以的称呼。

② 法语"Outremer"，当时，像耶路撒冷这样的十字军国家处在亡国状态。

军攻击扎拉基督徒而将所有的十字军领袖开除了教籍，并立即派枢机主教阿普阿的彼得给十字军首领送去书信：“看哪！你们的黄金已经变成了铁，银子也生锈了，偏离了纯洁的计划误入歧途。你们要放下犁，赶紧走向流着奶与蜜的土地，你们快调转方向，别陷入沙漠的歧途。”英诺森已对奇袭埃及的计划不抱任何希望，只希望这些粗糙的大兵们尽快踏上去巴勒斯坦的道路。但十字军派特使来认罪，并向匈牙利国王担保不再伤害基督徒和归还掠来的财物后，颇有手段的教皇很快赦免了全军。不过，对威尼斯人的绝罚依旧保留。

在同伴的革教令解除后，博尼法斯侯爵和一些贵族就立即归队了。很快，德意志宫廷的使者团也尾随前来游说众人。于是，攻击君士坦丁堡、帮助流亡皇子夺权的计划就被放到了台面上，一群人开了大会讨论。使臣巧舌如簧并且以德意志国王的名义为阿莱克修斯做担保：“为了主、为了公义、为了公正”，当然最打动人的，还是君士坦丁堡的富庶。十字军首领佛兰德和艾诺伯爵鲍德温、布卢瓦伯爵路易、圣波勒的于格等人表示赞同，他们都是十字军的支柱，大约有 20 位重要贵族支持这次冒险。德意志的使者便以年轻的皇位继承人阿莱克修斯的名义和十字军交换誓言，双方都郑重发誓并且将密约封印好。使者不辱使命，在护送下返回德意志宫廷，一些不愿改变目标去攻打拜占庭的十字军也与他一同离开了大军，或是回家，或自行前往叙利亚作战。那么威尼斯的态度又如何呢？

威尼斯非常赞同攻打君士坦丁堡，因为拜占庭已经与有“亚得里亚海女王”之称的威尼斯仇隙巨大。原本两者是双赢的合作关系，威尼斯舰队往往充作帝国舰队使威尼斯人在拜占庭境内能得到有很多特权，在同意大利等其他商业城市的竞争中也会受到拜占庭政府的偏袒和帮助，然而，这种关系很快破裂。因为地处欧亚咽喉的君士坦丁堡也是一座世界级的贸易城市，其国际贸易和经济的繁荣远超任何西欧城市。拜占庭人和威尼斯人合作后，威尼斯人在君士坦丁堡有自己的商务代办、客馆、货栈，享有种种特权，好似建立了“国中之国”。拜占庭的不少中下级商人在同威尼斯人的商业竞争中失利，仇视外国商人的怨气慢慢积聚，而且拉丁人和希腊人之间彼此傲视，信仰上互视对方为异端和分裂者，拜占庭帝国的政治积弊所造成的人民不满又以排外仇外的形式进行发泄……因此，从 12 世纪中后叶开始，双方关系越闹越僵。

1173 年，由于威尼斯人和热那亚人发生冲突，拜占庭皇帝曼努埃尔一世下令逮捕威尼斯人，没收其财产，并禁止一切威尼斯货物和船只通行。当时，年过六旬的丹多洛被派往君士坦丁堡，作为外交使节保护威尼斯侨民的利益，他的眼睛很可能就是因为在与拜占庭人的冲突中被击伤脑部而逐渐失明的。1182 年，君士坦丁堡再次爆发了排外的“拉丁大屠杀”，将原本在城区内人数超过 6 万人的拉丁社区杀戮得一干二净，其中的居民主要是经商的威尼斯人、比萨人和热那亚人。当时，屠杀的残酷程度令人发指——拜占庭人剖开孕妇的肚子把胎儿取出来践踏，教廷驻君士坦丁堡特使约翰枢机主教被人斩首，他的头颅被拴在狗尾巴上拖过血流成河的大街小巷。屠杀后幸存的4000人还被拜占庭人卖给了突厥人做奴隶。如此血海深仇，威尼斯人久思一报为快。而且，“拉丁大屠杀”后，拜占庭政府开始扶植热那亚和比萨商人，以制衡威尼斯的力量。受此影响，威尼斯在东地中海的贸易影响力急速减弱，渐渐被热那亚人和比萨人迎头赶上。如果再不设法扭转这一局面，威尼斯贸易城市的衰退将变得不可逆转。现在，再次独霸君士坦丁堡贸易的天赐良机已经降临，并且考虑到和“穆罕默德信徒”（中世纪人如此称伊斯兰教徒）的密约，现在可谓万事俱备。所以，有传言说“威尼斯人攻击君士坦丁堡的计划在实行前的20年已经准备好了”。

一切准备就绪后，1203年4月20日，阿莱克修斯·安格洛斯抵达扎拉加入大军，十字军立即拉起绣有红色十字架的风帆浩浩荡荡地出海了，目标是“信仰的公主”——君士坦丁堡。

舰队在杜拉佐（今阿尔巴尼亚的第二

◎ 扬帆远航的威尼斯舰队

大城市杜拉斯）上岸，因为那里的人承认年轻的阿莱克修斯是正统继承人，年轻王子要向叔父夺回皇位的消息也从那里传扬开去。在杜拉佐，拉丁人看到的拜占庭海军破败不堪。这是因为皇帝阿莱克修斯三世非常喜欢在这里的猎场打猎，宦官们像维护宗教圣物一样看管这些树林，禁止任何人砍伐树木。没有木材，海军就无法造舰，所以漂在海港中的拜占庭军舰破破烂烂。雪上加霜的是，海军将领米海尔·斯特里非努斯（Michael Stryphnus）是尤弗罗西妮皇后的姻兄弟，他靠着卖海军装备赚大钱，把舰只上的钉、铆、木头、帆都拿去卖了钱。

从海军的窘迫能看出，当时的拜占庭帝国就如同外表光鲜亮丽、里面却已经开始腐烂变质的苹果。这一时期，拜占庭政府裙带关系盛行，官员结党营私；官僚队伍膨胀，政府开支加大；官员腐败成风，在安德洛尼卡一世统治时期腐败情况原本有所好转，但他被推翻后马上恢复旧态；卖官鬻爵公开化，伊萨克二世·安格洛斯就是典型，编年史作者尼西塔斯·蔡尼亚提称他出售官职就像在大街上卖蔬菜一样随意；差不多每位皇帝上台之后都会大肆搜刮，然后封赏亲信、拉拢卫兵；推翻兄弟统治的阿莱克修斯三世·安格洛斯在如此困境中还为两个女儿操办奢华的婚礼；为了维持帝国高层这种醉生梦死的奢靡生活，地方税吏横征暴敛，百姓不堪重负。为了支付上贡给神圣罗马帝国皇帝亨利六世的1700塔伦特白银，阿莱克修斯三世竟然征收一种名叫“阿勒曼尼税”

（Alamanikon）的税金，让全体百姓为自己的篡位行为埋单。这种政治的严重腐败影响了军事力量，一点点将军队的战斗力消磨殆尽。

当十字军航行到科孚岛，岛上的居民开始是欢迎他们的，但有些人看到阿莱克修斯找来拉丁人帮自己复国，就爆发了爱国情操——他们认为，虽然年轻的王子是正统，但他不应该和外人联手。随后，有人便袭击了十字军。作为报复，十字军将整个小岛蹂躏了一番。

在科孚岛，阿莱克修斯又答应将克里特岛赠送给博尼法斯侯爵，但十字军内部又起了不合之音，至少一半以上的男爵不想干了，他们想回布林迪西然后坐船去叙利亚。博尼法斯侯爵和剩余的一半男爵联合修道院院长马丁和康拉德主教含着热泪挽留，希望他们不要做“逃兵”。但反对者非常顽固，并取得了最终的胜利：侯爵发誓 9 月 29 日找船把他们送到巴勒斯坦。

◎ *十字军兵临君士坦丁堡的版画，绘于19世纪。*

1203 年 5 月 24 日，十字军离开科孚岛，舰队掠过摩里亚、进入爱琴海，并在艾维亚岛（Negroponte）登陆。一小支部队前往安德罗斯岛逼迫该岛居民承认阿莱克修斯，并让他们纳贡交钱。其余的主力部队就开进达达尼尔海峡。因为此时正是春季收割之时，拉丁人补给了粮草，把大量春小麦运上了船。舰队在君士坦丁堡以南 7 英里的圣斯蒂芬修道院下锚。这时候，十字军已能看到君士坦丁堡的轮廓了。

1203 年 6 月 24 日（“施洗者”圣约翰节）一早，这支十字军舰队出现在初夏的蓝天下。他们军容齐整，把舰只清扫一新并在船上点缀了锦缎。一阵风吹过后，水手起锚扬帆前往金角湾。这支浩浩荡荡的舰队前面是 60 艘战舰、100 艘马匹运输船，1 万名威尼斯海军和划桨手组成的 50 艘巨型桨帆船跟随在后，船上装载着 300 座各类攻城机。舰队行驶的航路离沿海城墙是如此之近，以至于君士坦丁堡人都拥挤在城墙和塔楼上好奇地观看他们。来自当时不算发达地区的十字军也很惊诧这座城市拥有如此多的人口，感叹这世界居然有这么多人。关于君士坦丁堡的美丽富庶，当时也正在船上观望这座城市的克拉里的罗伯特说出了十字军的心声：“世界上最富的城市，它拥有天下财富的三分之二。”

君士坦丁堡，由 4 世纪时的罗马皇帝君士坦丁仿造罗马老城所建，故名“新罗马”（Nova Roma）。根据《罗马帝国衰亡史》作者爱德华·吉本的统计，君士坦丁堡城里有 2 座剧场、4 座巴西利卡（公众集会大厅）、8 个豪华的公众浴池、153

◎ 中世纪时期繁荣的君士坦丁堡（电脑复原图）

◎ 中世纪时期繁荣的君士坦丁堡（复原图）

个私人浴池、52 道沿街柱廊、5 座粮仓、8 条高架水渠、14 座教堂、14 座宫殿和 4388 座贵族宅邸。其设计完全仿照罗马，分为 14 个区。在 5 世纪西罗马帝国灭亡后，君士坦丁堡成了罗马帝国的中心，也是当时地中海世界的第一大城市。东部地中海和西亚的财富源源不断地流入君士坦丁堡。12 世纪，君士坦丁堡是全欧洲规模最大且最为繁华的城市。城中建筑华美气派，皇宫和大赛车竞技场气派美观举世无双，商铺钱庄鳞次栉比。古朴美丽的教堂修道院林立，圣索菲亚大教堂庄严雄伟，远远在海上眺望就美得震撼人心。除了密集繁华的街道和居民区，整座城市还点缀着林荫道、鲜花台、大理石喷泉和青铜雕像。无论是财富、艺术和文化，这座城都堪称人类文明史上的明珠。

这座伟大壮丽的城市让无数游客叹为观止，留下了众多动人的描写。10 世纪时，阿拉伯人哈伦·伊本·叶海亚在拜占庭帝国与阿拉伯帝国的战争中被俘，目睹拜占庭皇宫的景象后这样记述道：

皇宫周围有三座城门，一座叫竞技场大门，一座叫曼卡纳大门，第三座叫海滨大门。进入竞技场大门，是一间长 100 步、宽 50 步的大厅，大厅两边的看台，铺着用锦缎制成的地毯，上面站着信奉基督教的黑人，他们手持镶满金子的盾牌和金饰长矛。进入曼卡纳大门后，也有一个类似的大厅，地上铺着大理石，两边站着卡扎尔人卫士。进入海滨大门后，是一个长达 300 步的大厅，地上铺着红砖。穿过这个大厅可见到一个内院，可以通往皇帝的内廷。院子的左边是皇帝的私人教堂，共有 10 座门：4 扇金门、6 扇银门。教堂内的祭坛是用一整块桧木做的，镶嵌了珍珠和宝石。教堂的天花板全是拱顶，由金银做成。教堂周围有 4 座院子，各长 200 步、宽 100 步。院子里有一个在大理石中挖出来的 5 米见方的池子，耸立在离地面 5 米高的大理石柱子上，上空有一个铅做的穹顶，另一个银穹顶耸立其上，由 12 根柱子支撑，柱子的顶端是各种动物的塑像：鹰、羔羊、公牛、公鸡、孔雀、狼、马、象……在离院子 200 步的地方，有一个蓄水池，水从这里流到柱子顶端的动物塑像那里。每逢节日，都要在这个水池里灌满 1 万尖底瓮的酒和 1000 尖底瓮的白蜜。酒和蜜混在一起，还用一匹骆驼所驮的甘松茅、丁香花蕾和肉桂使其发出香味。酒从塑像的嘴里和耳朵里流出来，聚集到灌满的池子中。

拜占庭帝国的上层过着奢侈的生活，官场腐败也一直是无法根除的顽疾。科穆宁王朝中兴后，曼努埃尔一世统治末期就露出颓势，帝国遭遇军事惨败和长期政局动荡。1197 年 7 月 25 日，一场大火灾又袭击该城，整座城市和帝国一样走入迟暮的衰退期。由于政局动荡，人心惶惶，从 12 世纪末开始流传预言：将有从西方来的金发皇帝进入君士坦丁堡。后来，这预言被解读成神圣罗马帝国的皇帝腓特烈一世·巴巴罗萨将攻入此城。据尼西塔斯记载：迷信又软弱的伊萨克二世甚至在 1189 年把第二军用门以一道城墙阻隔，试图打破此预言。爱德华·吉本认为此时的君士坦丁堡拥有不到 100 万人口，其中有 40万居民具有防守能力，而现代历史学家认为城中有 50 多万人口，军事武装力量很弱。中世纪的拜占庭人没有穷兵黩武的性格，他们喜欢勤劳致富，享受悠闲平静的生活。在丢失兵源地安纳托利亚后，拜占庭的军力便一落千丈。帝国的军事实力基本靠雇佣兵维持，各个民族的雇佣兵汇集在君士坦丁堡：有突厥人弓箭手、亚美尼亚步兵，甚至有西欧的骑士，其中 5000 名北欧瓦兰吉卫队算得上是精兵强将。帝国海军的战舰只有 20 艘，不仅数量远远少于十字军那庞大的威尼斯舰队，且因缺少维护显得破破烂烂。然而，那些谄媚的臣子还在向阿莱克修斯三世吹嘘：只需把君士坦丁堡的 1600 艘渔船改造一番，就是一支足以击沉威尼斯舰队的庞大海军。这些上层人物丝毫没有意识到，制海权的完全丧失早已为这座城市预伏下了灭顶之灾。

◎ 基辅王公雅罗斯拉夫二世·弗谢沃洛多维奇的头盔，完全仿照同时代拜占庭头盔制作的。

势不可挡的法兰西骑士

一开始，十字军便不费吹灰之力掠夺了君士坦丁堡附近的迦克顿（Chalcedon）和于斯屈达尔两座城市，几乎没有遭到抵抗。迦克顿被认为是君士坦丁堡的“面容”，那里有阿莱克修斯皇帝喜爱的宫殿，宫殿的花园美丽悦目得让十字军大为惊叹，称之为“眼睛能看到最美的”。新收割的小麦成捆堆积在田野里，维尔哈杜因的若弗鲁瓦写道：“此国美丽又富庶，到处都是好东西。”

随后，十字军在斯库台港（Scutari）的圣乔治教堂附近安营扎寨，阿莱克修斯三世甚至已能眺望到他们的旗帜了。皇帝立即派遣军队前去阻击敌人。就在这里，十字军从营地出发前去征粮的80名骑士和500名拜占庭骑兵发生了一场遭遇战。尚普利的奥多、圣谢龙的欧格尔、蒙特费拉特侯爵的侍从吉拉尔德伯爵等人带领的80名骑士，偶然望见了在山脚扎营的拜占庭军队，他们立即分成4组准备攻击。同时，拜占庭军也开始警戒，他们在自己的营帐区前摆开阵势，500名拜占庭骑兵严阵以待。他们身着札甲和鳞甲，手执长枪。理论上，这些骑兵既能像西欧骑士那样夹枪冲锋，也能使用钉头棒之类的武器近身格斗。可是当20

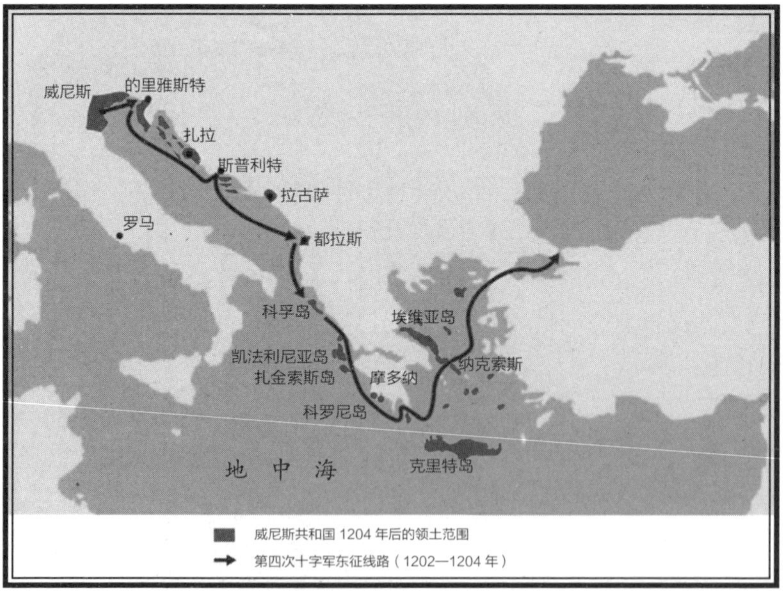

◎ 第四次十字军航行的路线

人一排的法兰克[1]人踢起马刺，向人数6倍有余的拜占庭军猛冲过来时，拜占庭骑兵却大惊失色。法兰克人的第一次冲锋便打得拜占庭人不顾整个营地的辎重，转身逃跑了。于是，那80名勇敢的骑士几乎没费什么劲就得到了很多物资：马匹、骡子、营帐等。由此可见当时拜占庭帝国军事力量的衰落。

这次冲突给阿莱克修斯三世带来了巨大的心理震撼，他立即派了一位能言善道的名叫尼古拉·鲁克斯的伦巴第人出使，期望以温柔的言语来打动博尼法斯侯爵。

◎ *13世纪初的拜占庭骑士和步兵*

◎ *13世纪初的西欧骑士*

① 当时，拜占庭人将欧洲来的十字军统称为法兰克人。

使者向十字军表示，皇帝愿意帮助十字军前往圣地，如果他们缺乏物资，他会免费给予食物和药品，只要他们离开他的国家。十字军商议后，决定由一位颇有口才的贵族——贝蒂讷的科农来拒绝这一要求。贝蒂讷的科农指着年轻的阿莱克修斯，表示

◎ *维尔德克的亨利（Heinrich von Veldeke）的史诗《埃内伊特》（Eneit）绘制于1215年，刻画了当时神圣罗马帝国的骑士。*

“维护他和他父亲的合法权益”才是他们此行的目的。只要阿莱克修斯三世自愿退位并让伊萨克二世复位，他们保证他能继续过着富有舒适的生活，否则，只有兵戎相向了。

使节无功而返，阿莱克修斯三世终于得知十字军的目的是恢复他兄弟的皇位，也就是把他赶下台。之后，十字军从下锚的斯库台港先派出10艘军舰，让阿莱克修斯、博尼法斯侯爵和丹多洛总督站在船头，尽量靠近君士坦丁堡的沿海城墙。他们向沿岸和城墙上的人群演说正统继承人的要求和权力，宣称他们是来帮助君士坦丁堡的人民推翻暴君统治的。然而，他们的演说失败了，并且得到了拜占庭守军的一番辱骂和一阵密集的乱箭。其实，拜占庭人并不欢迎这位政治流亡者，君士坦丁堡的普通居民对东方式的各类频繁政变已习以为常：毕竟伊萨克二世就是靠政变上台的，而且现在皇位还保留在安格洛斯家族中。

谈不拢就打吧，十字军这边很快在营地开会并部署了兵力。第一支部队由战斗力最强的佛兰德的鲍德温伯爵率领，作为主力作战方阵。他手下有很多精于作战的骑士，并且带了大量弓箭手和弩兵。第二支部队由他的兄弟亨利、瓦兰库尔的马修、波伏瓦的鲍德温等人率领，作为骑士方阵。第三支部队是圣波勒的于格伯爵、亚眠的

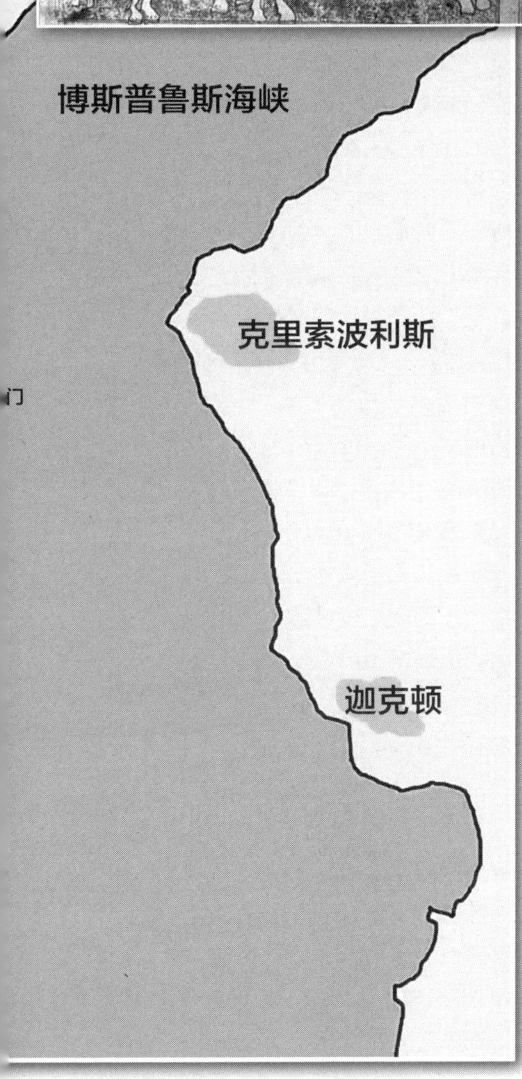

◎ *君士坦丁堡地图*

彼得和他的侄子、康特勒的尤斯塔斯、卡约的安索等组成的骑士方阵。第四支部队由布卢瓦和沙特尔伯爵路易统领，伯爵是一个富有的人，所以他有许多装备精良的骑士和步兵。第五支部队是来自蒙特莫朗西和香槟地区的人马，带队的贵族是蒙特莫朗西的马修和香槟元帅若弗鲁瓦，还有许多小领主率领的人马。第六支部队是勃艮第人，由香普利的奥多和他的兄弟威廉、佩姆的居伊等领主带领。第七支部队是兵多将广的蒙特费拉特侯爵博尼法斯率领的殿后部队，由伦巴第人、托斯卡纳人和德意志人组成，人数最多。接着，这些部署严密的队伍立即着手攻击君士坦丁堡，但这并不是个好完成的任务。

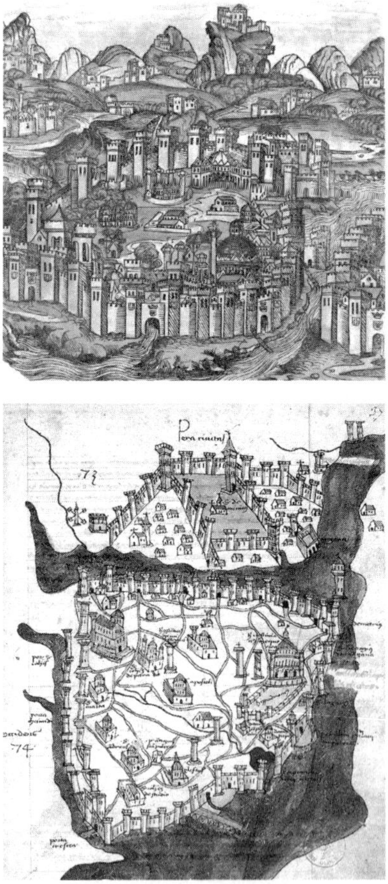
◎ 中世纪手稿中拥有坚固城墙和密集塔楼的君士坦丁堡

君士坦丁堡地处欧亚大陆交汇处，地形为一个不规则的三角形半岛，地势高高矗立，三面环水坐拥天然屏障，易守难攻。斯塔夫理阿诺斯在《全球通史》中说道："没有一个西方国家的首都，在帝国统治的连续性和范围方面，能与拜占庭首都君士坦丁堡的辉煌历史相媲美。"君士坦丁堡之所以能在一波波来自阿尔瓦人、阿拉伯人、罗斯人、保加利亚人的攻击中屹立不倒，延续东方基督教帝国的统治，很大一个原因就是它拥有冷兵器时代近乎坚不可摧的城防设施——君士坦丁堡的城墙系统。

君士坦丁堡的城墙周长约 20 公里，由陆地城墙和沿海城墙组成，将整个城市包围得固若金汤，其中最精巧复杂的是 5 世纪修建的陆地城墙的主体部分——狄奥多西城墙。由于城外就是无险可守的色雷斯平原，因此这段城防系统被设计得复杂无比。提奥多西城墙从外向内依次为外护墙、护城河、护城河内墙、陡坡护壁、外城墙、外城台（Peribolos）、内城台（Parateichion）、内城墙。

外城墙高约 8 米，内城墙高 12~20 米。城墙外侧陡立，用花岗岩巨石砌成，墙顶为人行道和作战平台，并有雉堞掩护士兵。城墙内侧为斜坡，有岩石护墙、藏兵洞和仓库。外城墙和内城墙上耸立着 96 座塔楼、300 多座角楼和碉堡，塔楼凸出城墙约 5

◎ 狄奥多西城墙的剖面

米，平均间距 60 多米，形成强大的投射武器支援系统。城墙外还有宽约 18 米的护城河。整段城墙具有多重防御功能，敌军若想通过这三道互为呼应的城防体系，将全程处于守军的远程武器攻击范围下，在没有火炮的年代，几乎是不可能的。

另外一个保卫帝国的利器就是著名的“希腊火”——一种可以在水上燃烧的液态燃烧物。这种燃烧物威力极大，一些学者和历史学家甚至认为它是拜占庭帝国能持续千年之久的原因之一。根据记载，希腊火是一种以石油为基本原料的物质。据称，它是在 668 年被叙利亚建筑师和工程师加利尼科斯发明并带到君士坦丁堡的。此后 800 年，希腊火一直是拜占庭帝国威震四方的超级秘密武器，为拜占庭军队赢得了一场又一场的胜利。在战斗中，液体的希腊火会从喉管喷出或者投石机抛出，火焰仿佛火龙一样燃烧，能将敌军陷入烈火的包围圈。此火无法用水扑灭，无计可施的敌军只能化为灰烬。在没有见过火药威力的中世纪时期，希腊火简直是终极武器。但是，关于希腊火的配方和制作方法，后世知之甚少，原因在于拜占庭皇室的严格保密措施。拜占庭研制和生产希腊火都在皇宫深处进行，身受御令又被牢固控制的加利尼科斯家族控制着整个运作系统。甚至严禁用文字加以描绘，所以其配方在利奥皇帝的《战术学》和安娜·科穆宁娜的《阿历克修斯传》中虽有涉猎，但语焉不详。总之，希腊火是不到紧要关头不会使用的顶级秘器，其配方最终成为历史之

◎ 11世纪拜占庭手稿所绘的在海战中使用希腊火

谜。现代的化学家和历史学家试图还原其配方，成分大约是石脑油、硝石、磷、生石灰等，但历史上“希腊火”的真正制作和配方已不可知。总之，在黑火药引进西方世界之前，神秘的希腊火是最为恐怖的顶级化学武器。

面对欧洲人的攻势，拜占庭皇帝阿莱克修斯三世将军队布置在海峡沿岸的加拉塔郊区北部，意图阻击上岸的十字军。至于十字军方面，他们除了前面提到的那些困难，还需要以200艘船不断补给军队和各种物资，并穿越非常狭窄的海峡，但他们士气高涨。他们在夜晚全副武装，给马匹披上马鞍和马衣，装载在平底的帕朗德（palander 一侧有门板吊起的运输舰）上面，骑士们手执长矛站在战马旁边。其他运输舰上装满了成列的步兵和弓箭手，所有舰只都处于战斗状态，以期尽快渡过博斯普鲁斯海峡。

7月5日清晨，十字军开始发动攻击，这些精神饱满的部队上岸后便猛攻拜占庭军队。与上次遭遇战一样，十字军的第一次冲锋就将拜占庭人冲得七零八落。甚至可以说，拜占庭军队的抵抗是“表演”性质的，他们在端平长矛迅猛冲锋的十字军面前转身飞逃，七万军队立即消失得烟消云散。十字军的胜利来得轻而易举，他们在后来打扫战场缴获皇帝的豪华御帐时才知道，原来阿莱克修斯都来督战了。阿莱克修斯曾经扎营的地方留下了很多辎重和财物，拜占庭军队又给十字军免费送了一次物资。

就这样，整个港口都向十字军敞开了。打先锋的佛兰德和埃诺伯爵鲍德温带领人马不断向前突进，之后猛攻南部城墙上的加拉塔防御高塔。加拉塔高塔作为坚固的要塞扼住进入金角湾的咽喉，并且有一根粗大的铁索拦住舰队进入金角湾的入口。

◎ 12—13世纪身穿扎甲的拜占庭士兵

法兰克人观测后认为，只有占领该塔并解除铁索封锁才能取得胜利。

于是，十字军先将高塔团团围住。入夜后，万籁俱寂时分，拜占庭军队组织偷袭。全副武装的拜占庭守军迅速出塔攻击野外睡梦中的敌军，来自君士坦丁堡的舰只也运来军队一同夹击。奇袭一开始很成功，负责十字军营地守卫的阿韦讷的雅克及其手下被打了个措手不及，雅克甚至被一支长枪戳到脸上。他倒地后，多亏勇敢的骑士——热兰的尼古拉骑马冲进包围解救他，要不然他就死在战场了。

被战斗声惊醒的十字军立即全副武装投入战斗，拜占庭人又被打退了，十字军紧紧咬住撤退入塔的拜占庭人，让他们没有办法关门。于是，在加拉塔要塞的门口，双方发生了激烈的战斗，拜占庭人伤亡惨重。随后，十字军追着溃退的拜占庭士兵打入了塔，剩下的人不是被俘就是被杀了。终于，十字军占领了重要的防御点——加拉塔高塔。第二天，庞大的威尼斯舰队安然从塔下通过，拜占庭海军那 20 艘破船轻易地被俘、焚毁或者击沉；粗大沉重的铁链不是被剪断，就是被一艘名叫“老虎号”（Aquila）的大战舰给撞开了。对十字军而言，金角湾现在已向他们敞开了。

◎ 法兰克骑士攻占加拉塔高塔

1203 年，第一次攻城

十字军取得初胜后休息了四天。第五天，他们又全副武装开始进军了。在这期间，他们已制订了攻击君士坦丁堡的详细计划：法兰克人从陆地上攻击，威尼斯人从海上攻击。

法兰克骑士沿着金角湾的海岸向北行进，海峡越变越窄，有一条河流（今卡厄特哈内河）在此入海，河上原有一座石桥，但拜占庭人在撤退前破坏了该桥。据尼西塔斯记载，拜占庭军队在此处进行了非常轻微的抵抗，这对十字军的进军毫无影响，工兵们迅速重修铺设了桥面，大军顺利通过。

1203 年 7 月 11 日，十字军占领了位于君士坦丁堡东北角的布雷契纳宫（Blachernae）西门正对面的地方，并开始准备从陆路进攻君士坦丁堡。布雷契纳

◎ 十字军夹击君士坦丁堡，来自维尔哈杜因的若弗鲁瓦的《君士坦丁堡的征服》，绘于14世纪。

宫的那段城墙并不是固若金汤的狄奥多西城墙的一部分，而是由希拉克略、利奥五世和曼努埃尔一世等诸帝历代不断修筑添加的另一段城墙。这段所谓的“布雷契纳城墙”由四道单层城墙组成，高约12~15米，因建在斜坡上，只有低地部分有护城河，防御能力要明显弱于宏大的狄奥多西城墙。可见，这次十字军专门攻击陆地城防的软肋。

在城下，十字军制造了大量攻城器械：普通投石机、单臂式的弩炮型投石机还有云梯。这是一个艰难的过程，因为拜占庭人每天至少有六七次从城门里冲出来袭击他们。十字军不敢离开超过自己营地四箭之远的地方，补给变得很困难，只有很少的面粉和烟熏肉。后来，他们只能食用被打死的战马。他们渐渐开始为自己的命运担忧了，围攻者的人数远远小于被围攻的人数，这是非常危险的，因为历史上从来没有那么少的军队围攻过拥有如此多人口的城市。

因此，为了阻止拜占庭人不断来骚

◎ 今伊斯坦布尔的布雷契纳宫遗址

◎ 中世纪的单臂式投石机

◎ 君士坦丁堡的海城墙

扰，十字军在营地建造了栅栏、壕沟和各种阻碍工事。在十字军奋力营造工事的时候，拜占庭军队偷袭变得更频繁了，这让法兰克人忙得不可开交，没有休息也没有睡眠的时间。有一次，正值勃艮第人值班守卫时，拜占庭人派遣自己最好的一支军队前来偷营，结果被勃艮第人狠狠地回击，一直追击到城门，拜占庭人从城墙上滚下很多大石头把香普利的威廉的手臂给砸断了，但讷伊的威廉俘虏了拜占庭人中最好的勇士君士坦丁·拉斯卡里斯，把其绑在马上带了回来。当然，十字军这边的损失也很严重，死伤不少，还有很多骑士的战马在吊桥上被刺死。就在这样激烈的交战中，250 架攻城器械准备好了。

7 月 17 日，星期四，战斗打响了，蒙特费拉特侯爵带领勃艮第人和香槟人守卫营地，剩余的四支部队在佛兰德、埃诺伯爵鲍德温、布卢瓦、沙特尔伯爵路易、圣波勒伯爵雨果等人的带领下从四个方向猛攻布雷契纳城墙。同时，拥有 210 艘军舰的威尼斯海军开始从金角湾的海上进攻沿海城墙，威尼斯总督命令所有舰只排成一列，浩浩荡荡向海城墙进发。

为了攻击沿海城墙，威尼斯人使用了在火药发明前一切已知的攻城办法。他们

在每艘船前面安置三位弓箭手，甲板、塔楼和船尾都装置投射器具。桨帆船也收起帆，靠桨手划桨把桨帆船尽量靠近海城墙下面的沙滩和礁石区域，然后，无论是战舰还是运输船，都用船载投石机把石弹像雨点一样投向城墙。船上的弓箭和弩炮一起发射，威尼斯似乎是在利用这次进攻发泄压抑已久的怒火。专用的船载攻城云梯从船上架起来，登城的兵士拿着长剑和长矛在喊杀声中不断向上冲杀，疯狂的战斗场面让天地变色。几近失明的恩里科·丹多洛身着锁子甲，手执巨大的圣马可旗帜站在战舰船头，他喊叫着催促桨手使出全力划桨、以最快的速度靠岸。然后，他命令手下扶他下船登陆。当部下围绕着他的时候，老人用手摸着他们来判断他们是谁，以便发号施令。终于，威尼斯人把他们又老又盲但却充满战斗意志的总督弄下了船。丹多洛亲手把红底金色翼狮的圣马可旗帜插在了君士坦丁堡的滩头。

威尼斯人见自己的总督如此英勇身先士卒，竟然在所有人之前抢滩登陆，而且他还是一个几乎看不见的老人——羞耻之情涌进这些士兵的心头，他们的战斗力瞬间爆发了！所有人不顾一切下船冲向滩头，一时，杀声震天。还有一些勇敢的士兵爬上很高的桅杆，顺着横杆一个个跳到城墙上。战斗中还有人叫喊：“圣马可站在塔顶！”不知是战斗中威尼斯人的神经极度紧张造成错觉，还是真的发生了奇迹，很多攻城的士兵后来都声称曾看到威尼斯的守护圣人圣马可站在一个塔的塔顶，仿佛引领着威尼斯人去占领君士坦丁堡。拜占庭人的抵抗很快就停止了，他们从沿海城墙上撤退。威尼斯人随即占领了城墙上的一个又一个高塔，最后，他们一鼓作气，以极快的速度占领了总计有 25~30 个塔楼的一大段城墙。兴奋的威尼斯总督跳上一艘小船，派人向陆地进攻的法兰克领主们传信。他自豪得简直无法形容：“有什么人在那么短的时间内占领过君士坦丁堡的沿海城墙吗？威尼斯人做到了！”威尼斯

◎ 威尼斯舰队攻击君士坦丁堡的海城墙

人还在被占领的城墙附近发现了大量马匹，并赶紧把它们用小船运到了十字军营地。

得到威尼斯人攻入沿海城墙的消息时，法兰克人仍在苦战。当时，在陆地城墙外围，十字军用那 250 架投石机不断轰击城墙和守城部队。等对方防御出现空缺时，十字军立即架上云梯强攻登城，然而，法兰克骑士们的进攻屡次受阻。阻挡法兰克人攻势的是瓦兰吉北欧卫队，这些英国人和丹麦人用单手斧剑和双手斧成功抵挡住了法兰克骑士的进攻。很多骑士被打倒，其中两人还被瓦兰吉卫队当场俘虏，并准备将他们当作战利品牵到阿莱克修斯皇帝的面前，以取悦皇帝。

阿莱克修斯皇帝眺望到威尼斯人已在城防上打开缺口，便派遣更多的军队前去增援，随后，他还亲自召集并带领十七支部队从吕科斯河以南的圣罗曼努斯门出城迎战。当拜占庭军队出现在城外平原上时，法兰克人大惊失色，因为很多人从未见过人数如此多的一支军队。佛兰德伯爵的弟弟亨利、瓦兰库尔的马修和波伏瓦的鲍德温等人原本率领手下负责守卫重要的攻城器械，一见这架势立即前去迎战，攻城受阻的十字军也退下来一部分，分成六支部队与拜占庭军队对峙。战斗力最强的佛兰德伯爵鲍德温率领第一支部队打先锋；紧跟其后的是圣波勒伯爵于格和亚眠的彼得伯爵；第三支部队是埃诺的亨利和神圣罗马帝国的骑士们；蒙特费拉特侯爵率领第四支作为中军；布卢瓦伯爵路易和香槟、勃艮第两地的骑士们组成最后两支部队。十字军以骑士阵列为作战核心，每个骑士

◎ 刻有佛兰德伯爵鲍德温九世的骑士印章，伯爵全副武装。

队列还被来自同一家乡的 3~4 个步兵方阵紧紧簇拥。

当时，拜占庭军用 60 支骑兵队伍将十字军围得水泄不通，据说其中人数最少的队伍都比十字军人数最多的部队还大，双方力量悬殊。弗兰德伯爵和拜占庭军的先锋相距 1 公里时，开始向对方发动了冲锋。双方距离两箭之远时，鲍德温伯爵的幕僚告诉他如果立即接战，他的右翼会被敌军突破，于是伯爵命令全军转向退让，他的弟弟埃诺的亨利见状也率军跟着自己的哥哥转向。就这样，第二支部队的圣波尔伯爵和亚眠的彼得就成为全军先头，他们的骑士朝伯爵们喊道：“主上！主上！佛兰德伯爵转向了，他一转向我们就成为先锋了，那我们就冲吧，以主之名！”这群人不顾一切继续前进，并迫使鲍德温兄弟重新转过来跟着大军，这使得十字军一片混乱。前进中，十字军翻过一个很小的山头后，看到前方有一条向城内输水的引水渠，水渠很宽，以至于十字军都不知如

何通过。

得到陆地上十字军受阻并面临重兵围攻的消息，威尼斯人只得放弃进攻前去支援。之前为了保护自己免受增援部队的攻击，威尼斯人放了一把火，蔓延的大火将君士坦丁堡都市440英亩（约1.8平方公里）的社区完全焚毁。此刻，在陆地上与十字军对峙的拜占庭军队虽然整齐有序，人数也占压倒性优势，且对手又陷入开局混乱，但阿莱克修斯三世却犹豫不决，仿佛在等待先前袭击十字军营地的先锋军队回营。虽然双方已经进入作战距离，但拜占庭皇帝却下令鸣金收兵。大军开始缓慢退却，先退到一个名叫菲洛帕斯的宫殿附近，然后返回君士坦丁堡城内。十字军也乐于退兵，且暗自庆幸今日没有和这些大军作战。回营的十字军疲劳不堪，再加上营地缺少食物，所有人都又累又饿。

从局面上看，阿莱克修斯三世以巧妙的策略化解了西方军队的第一次攻击，可以说，十字军的攻城已经失败。虽然形势对他还有利，他却失去了勇气，长期的享乐腐败腐蚀了他的男子气概。威尼斯人的纵火造成2万名君士坦丁堡居民无家可归，人们责难皇帝，群情激愤，阿莱克修斯知道继续待在皇位上非常危险，便趁夜色上船逃跑了。于是，臣子们将伊萨克二世从大牢里释放出来，给他穿上皇帝的服饰，请他端坐在宝座上，还派使者告知十字军：阿莱克修斯已经逃走，伊萨克皇帝重登大宝。

这场远征就此达成目的了？十字军首领们面面相觑，无论是蒙特费拉特侯爵、佛兰德伯爵还是威尼斯总督都不相信，他们认为拜占庭人诡计多端不能信任。事实上，他们也对自己的军力没有信心，于是他们便派使节去打听一下情况。四位使节受到了隆重的接待：布雷契纳宫的城门大开，瓦兰吉卫队手执武器站立两旁，使节们被拥入皇宫。在一片头晕目眩的荣华富贵中，使节看到了宝座上的伊萨克皇帝和他身边年轻美丽的皇后——匈牙利的玛格丽特，他们被珠玉环绕着。使节们不相信世上还有人比他们更富有了。

很快，使节开始同皇帝谈价码：

1. 让整个帝国归于罗马教会的统辖之下。

2. 支付20万银马克和提供一年的食物。

3. 派遣10000名战士（骑兵和步兵）前往圣地作战。

4. 提供500名骑士的补给，让他们可

◎ 拜占庭皇帝阿莱克修斯四世·安格洛斯（约1182—1204年）

以守卫圣地。

这些条件都写在伊萨克的女婿菲利普国王的契约合同上。伊萨克二世表示这些条件真的很苛刻繁重，不过，十字军为他做了如此多的工作，他还是承认了。于是，他重申这些誓言，并且把这些条例写下，用皇帝的金印封好。使节不辱使命，欢欢喜喜地回去复命了。

第二天，伊萨克皇帝为儿子举行了盛大的欢迎仪式：法兰克领主们骑马带领阿莱克修斯入城。随后，皇帝还为他举行了盛大的宴席。于是，流亡的政治犯又在巨大喜悦中重回君士坦丁堡，因为老皇帝已经双目失明，年轻的阿莱克修斯于1203年8月1日（圣彼得日）登基称帝，史称“阿莱克修斯四世”。看上去，现在双方都已经得偿所愿。然而，命运弄人，好戏才刚刚开始。

拜占庭政变——阿莱克修斯五世上台

随后，十字军做的第一件事，就是向教皇和各国君主写了封传阅信，这是他们离开扎拉小城后给教皇写的第一封信。信中表示，他们明年春天一定会去攻打埃及，现在，他们已经攻下君士坦丁堡，号召欧洲更多的十字军前来君士坦丁堡与他们会合，然后共同进行攻打“异教徒”的军事行动。与此同时，教皇还收到了新皇帝阿莱克修斯四世的书信，日期署于8月23日。新的拜占庭君主表示他要将希腊教会重新归宗于罗马教廷。1204年2月，教皇英诺森三世才回了一封信，指责十字军领袖不服从他的领导，命令他们直接向圣地进军。对于阿莱克修斯，教皇恳求皇帝履行他曾许下的将希腊教会归于罗马教廷管辖的承诺，并警告他如不兑现承诺，他的统治将不会维持很久。对于威尼斯总督丹多洛此前提出的和解要求，教皇提醒总督，威尼斯人不断抗命，并告诫其不要忘记作为一名十字军战士的誓言。

阿莱克修斯四世称帝后，必须履行他对拉丁人的承诺了，然而精明的阿莱克修斯三世留给敌人的却是一个空荡荡的国库，他把至少10000磅的金子和历代价值连城的拜占庭珠宝都卷跑了。他逃走那晚是如此仓促，连皇后尤弗罗西妮和女儿们都没顾上，只带了最喜欢的小女儿伊琳娜前往色雷斯小镇莫索诺波利斯（Mosynopolis，今希腊东马其顿和色雷斯大区首府及罗多彼州首府科莫蒂尼附近）。

阿莱克修斯四世只得下令把罗马和拜占庭古代的很多珍贵金银币砸碎融成块，但也只有10万银马克，距离他的承诺还差一半。阿莱克修斯四世强迫君士坦丁堡的居民交出他们手中贵重的货币，这种行为让被迫屈服的人们更加愤恨。出力流血的十字军也因为没有拿到预期许诺的报酬而不满，阿莱克修斯四世只好要求延长还款日期，延长6个月，以1214年4月底为限。10月，他自知已是众矢之的，却还向威尼斯人承诺再有偿借用威尼斯舰队一年。十字军答应了他的请求。

为了追回皇室财宝，弄到钱，阿莱克修斯四世带领6000名十字军去攻打阿德里安堡——这是他以1600磅黄金的代价，向十字军首领蒙特费拉特侯爵租赁来的一支军队。

趁皇帝不在君士坦丁堡的时间，东正教的神职人员抵制归宗罗马教会的行为，而且怨恨皇帝将教会积累的珍宝都融化给了拉丁人抵债，声称阿莱克修斯是个叛教者。他们将仇恨的种子到处散播，拜占庭人愈发仇恨将拉丁人引进城的皇帝父子。虽然之前皇帝父子已恳求十字军入城后第二天就搬出君士坦丁堡，返回金角湾对岸的加拉塔城居住，以免城内居民滋生不满，但后来还是爆发了拜占庭人劫掠拉丁人旅社的事件。也有拉丁人朝圣者入城与城内居民发生冲突的零星事件发生。曾有一群来自弗兰德斯的十字军袭击了城内的一座清真寺，穆斯林和拜占庭人联手抵抗十字军。十字军想要烧毁这座异教寺院，结果引发的火势迅速蔓延，大火燃烧了整整八天八夜。

爱德华·吉本夸张地形容烈焰以1里格（约4.828公里）的宽度向前蔓延，美丽的建筑和富有的集市在熊熊大火中仿佛蜡烛一样倾倒融化并化为灰烬。这是5世纪以来君士坦丁堡发生的最大一场火灾，从奥古斯都广场到提奥多西广场的精华区全部化为灰烬，火势一度威胁到圣索菲亚大教堂。公共建筑、住宅和古典艺术遗产遭到巨大损失，大量居民死亡并有10万名居民无家可归，拜占庭人的仇恨显而易见。居住在君士坦丁堡中的拉丁人为了避免再次被大屠杀，就尽可能地带上自己的财产逃离或参加十字军，连一直和拜占庭友好的比萨人也吓跑了。根据记载，逃亡的拉丁人大约有1500人。

11月中旬，阿莱克修斯凯旋班师，他对拉丁人的态度也发生了转变——他不再拜访他们的军营，只象征性地支付了一些费用，并开始找借口想把他们赶走。1203年11月，一个由3个威尼斯人和3个法兰克人组成的6人使团向皇帝父子递交了最后通牒，这些使节带着拉丁人特有的傲慢态度，向皇帝宣布如果他们的正当要求再得不到满足，他们将不再把他看作君王和朋友。拜占庭人听闻这些刺伤皇威的话后怒火冲天，友谊破裂。

之后，拜占庭人针对拉丁人的袭击屡屡发生，君士坦丁堡人曾两次放出着火的船只去冲撞威尼斯舰队：他们准备了很多易燃物（例如木头、树脂等）装在大船上，在风黑月高的夜里，当风吹向十字军所在的对岸时，便扬起帆、点燃船只，让它们带着冲天火焰向十字军所在的舰队冲去。要不是威尼斯人拼尽全力用铁钩钩住火船，再用人拉开的话，后果不堪设想。《诺夫哥罗德编年史》记载，“伊索科维奇”（阿莱克修斯四世）曾警告过十字军。

与此同时，在阿莱克修斯四世和伊萨

克二世父子身边，一个宫廷阴谋正在酝酿。阿莱克修斯·杜卡斯当时担任皇室的内廷总管大臣（Protovestiarios，管理皇室的珠宝、财产等事物），他拥有浓密的连成一线的黑眉毛，并因此得到了绰号：“木兹菲乌斯”（Mourtzouphlus），即“浓眉”的意思。内廷总管大臣可以自由出入禁宫，因此按常例本应由宦官担任。这位拥有“如灌木丛般的眉毛”的仁兄能够打破常例担任此职，盖因他是已逃跑的阿莱克修斯三世的女儿欧多西娅·安格琳娜（Eudokia Angelina）的姘夫。

拜占庭人对伊萨克二世和阿莱克修斯四世父子彻底失望了甚至格外仇恨，这对浓眉毛的阿莱克修斯·杜卡斯而言真是天赐良机。他胆大，早年就卷入过宫廷政变，算得上是权场老手。因其“编外驸马”的身份，慢慢成为拜占庭抵抗拉丁人势力的中心人物。除了亲自参加一些针对拉丁人的袭击和战斗外，1204 年 1 月底，他在圣索菲亚大教堂对元老院和群情激愤的民众发表演说，称他们不能再被无能的安格洛斯家族统治了。

城中百姓的不满和仇恨在不断冲突中达到沸点，终于爆发了。充满仇恨的他们从城中各处积聚起来，推倒并砸碎了竖在大广场上的菲狄亚斯的雅典娜像。他们手执武器，把贵族和僧侣们逼进圣索菲亚大

◎ 绰号“木兹菲乌斯”的阿莱克修斯·杜卡斯

◎ 阿莱克修斯四世在狱中被活活勒死的版画，古斯塔夫·多雷绘于19世纪。

教堂，并不断地高声呼喊，要求废黜安格洛斯王朝，逼得皇帝父子一直提心吊胆藏在宫中。据说，“木兹菲乌斯”利用自己是内廷的管理人，设下了陷阱。他趁阿莱克修斯四世晚上休息时冲进去，装出慌张的神情报告说，人民已冲进皇宫且皇家卫队都叛变了。皇帝深信不疑跟着他走秘道逃跑，谁知秘道尽头却是监狱。几天后，在“木兹菲乌斯”的亲自监督下，年轻的阿莱克修斯在狱中被活活勒死。此后不久，失明的伊萨克二世也莫名其妙死去了。他们是拜占庭历史上最悲情的父子组合。

现在，大权落到了阿莱克修斯·杜卡斯的手中，因此时的他还不想走到权力的前台。在他的授意下，1月28日，即阿莱克修斯四世死的那天，元老院和东正教教会推举一位不情愿的青年尼古拉·科纳波斯（Nikolaus Kanabos）为罗马皇帝。尼古拉是一位高级神职人员，从小就住在圣索菲亚大教堂，从未踏出过教堂一步。如此清心寡欲的人，对被推到权力漩涡的中心感到十分不安。阿莱克修斯·杜卡斯一看让你做皇帝都不愿意，就在2月3日把他废黜并杀死了。这下，就更没有元老愿意接受会带来死亡的紫袍了，真正的幕后策划者只好走上前台。1204年2月5日，“木

◎ 拜占庭皇帝阿莱克修斯五世和瓦兰吉卫队

兹菲乌斯”阿莱克修斯·杜卡斯，也是向西方教会求援而引起十字军东征的阿莱克修斯一世·科穆宁的曾曾孙，登上了拜占庭帝国的皇位，史称“阿莱克修斯五世”。

作为强硬主战派代表的“木兹菲乌斯”阿莱克修斯·杜卡斯当皇帝后，第一件事就是加固城防、关闭城门，把城外安营扎寨的十字军拒之门外。听闻朝堂变天、曾经的盟友阿莱克修斯四世一命呜呼，十字军和威尼斯人震怒之余，最关心的是剩下的钱谁来偿还。十字军立即派遣使团，要求新皇帝还清前任债务，而且狮子大开口要求 5 万磅黄金。之前给年轻的阿莱克修斯的是友情价格，给篡位者的价码就高了。要是不给钱，十字军就要给死去的正统继承人“伸张正义”。对这些要求，阿莱克修斯·杜卡斯断然回绝，并领兵偷袭由佛兰德的亨利带领的一小队外出劫掠的十字军。结果，新皇帝被打败，除损兵折将、颜面大失外，他还狼狈地丢了一面绘有尊贵圣母画像的帝国旗帜。但随后不久就是基督教历中的大斋期，双方都暂时偃甲息兵。

吃了苦头的阿莱克修斯五世为了坐稳皇位，向十字军递出了橄榄枝。但按照尼西塔斯的记载，威尼斯人从中作梗：他们不希望就这样放过攻占君士坦丁堡的机会。在皇帝前往恩里科·丹多洛所在的圣科斯玛斯和圣达米盎修道院进行会谈时，威尼斯人企图俘虏他。最后，十字军首领开会决定——继续攻打君士坦丁堡。

1204 年第二次围攻君士坦丁堡

第二次围攻君士坦丁堡要比第一次困难得多，因为拜占庭人检讨了前朝的过失，国库的财务状况获得改善，军队的纪律得到加强和整顿。阿莱克修斯·杜卡斯的表现也比阿莱克修斯三世·安格洛斯优异得多，他手执长矛视察城防据点，其勇武的面貌给士兵以巨大的鼓舞。此外，拜占庭人在心理层面对十字军也积累了许多厌恶和反感。

神圣的大斋期间，拉丁人也一直在为最后的攻城做准备工作。第一次攻城给了他们宝贵的经验，其中之一就是陆地的城墙固若金汤很难突破。根据威尼斯领海员的经验，在普洛潘提斯海的海岸下锚很不安全，强劲的海流会把船冲向海伦斯坡海峡。因此，围攻部队决定从沿海城墙这边发起进攻，因为海城墙只有单层城墙，完全依靠暗流礁石等天然障碍来进行防御，是君士坦丁堡城墙的薄弱处。于是，十字军的战舰开始就位，连绵超过半里格。拜占庭方面对他们的攻击点也非常清楚，在城墙上修建了多层结构的木质塔台。总之，

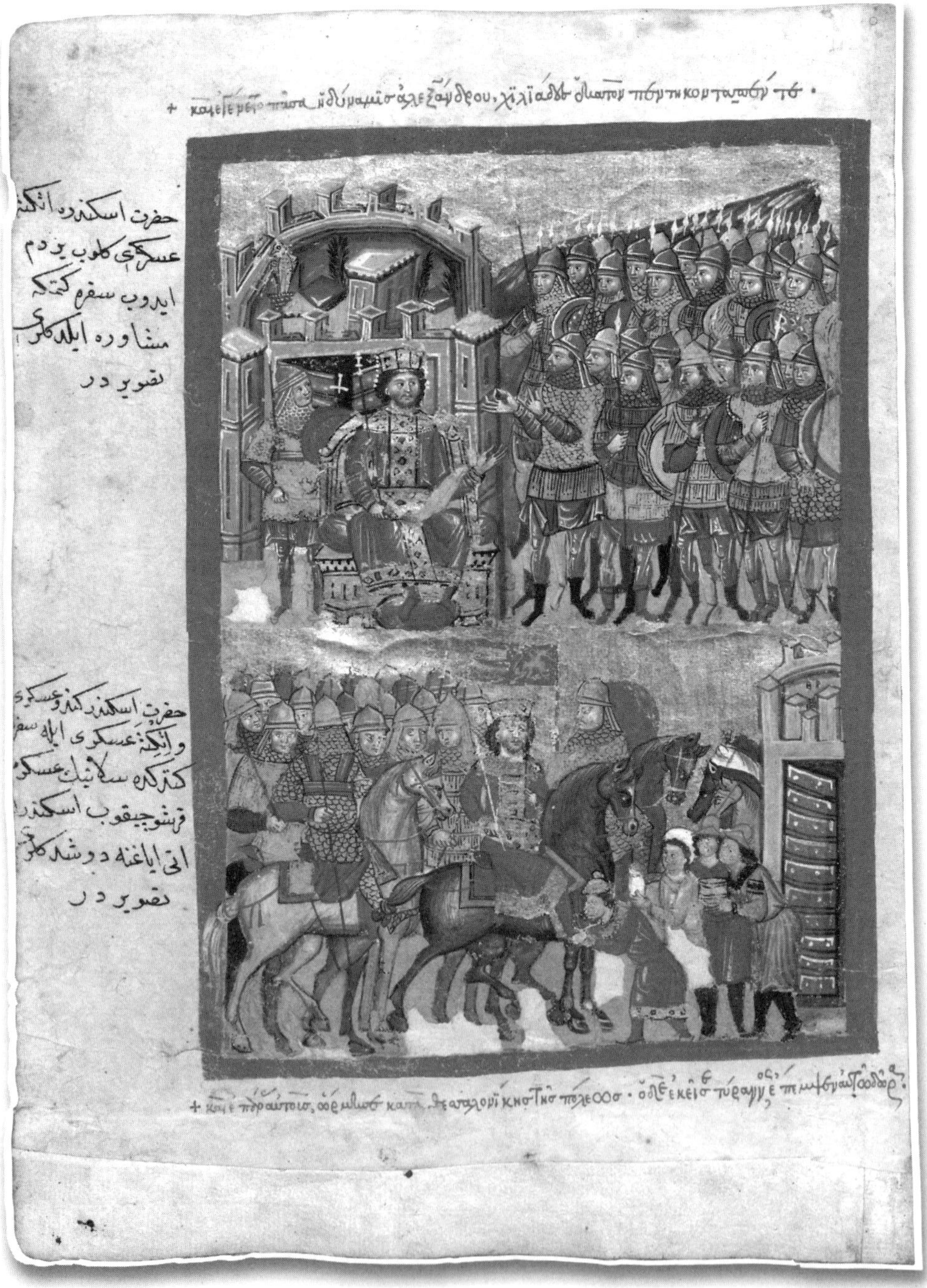

◎ 14世纪时描绘12世纪末期拜占庭军队的拜占庭手稿

四旬斋期刚过半，双方就开始了鏖战。

4月8日，全副武装的十字军将战马牵上运输船只，骑士们和威尼斯海军准备就绪。拜占庭军队也开始调动。4月9日，威尼斯人和十字军从加拉塔要塞出发横渡金角湾，企图再次从沿海城墙西北一侧猛攻，双方开始远程交战。他们疯狂地互相投掷各种石块和火球，空中还有飞舞着无数箭头和标枪。由于强烈的逆风，大多数舰只无法靠近海城墙。虽然杀声震天，进攻点多达100多处，攻击队伍也如蚁群一样布满城墙，但君士坦丁堡的守军以异常密集的礌石、滚木、箭雨向敌军倾泻，甚至动用了希腊火。拉丁人只勉强占领了一段有5个塔楼的城墙，之后就因损失惨重从城墙上撤了下去。《诺夫哥罗德编年史》记载法兰克人死了100多人，战斗持续到下午三点多时已见分晓：十字军此次攻城失败。

铩羽而归的十字军士气低落，但如同第一次十字军能在极其艰苦的条件下取得

◎ 战斗时使用希腊火的图例

胜利一样，随军的神职人员又发挥了巨大的作用。他们给因攻击基督徒而内心愧疚的十字军做宗教性的布道，将拜占庭人归为异教徒、杀人犯和弑君者。他们声称“希腊人比犹太人更坏”，攻占君士坦丁堡是为了“主的公义”。至于教皇英诺森三世要求他们不得攻击君士坦丁堡和伤害基督徒的命令却被隐瞒。对十字军而言，事已至此，除了攻取君士坦丁堡外，已没有别的退路。按照中世纪的宗教观念，全军都做了告解，改正自己行为的过失，随军的妓女从营地里被赶走，法兰克人寄希望于自己痛悔过失能得到天主的怜悯和帮助。威尼斯总督也召集十字军首领，再次商讨攻城计划。很快，风向大变，十字军士气大振准备卷土重来。

1204年4月12日，一阵被水手称为“阿涅摩伊之风”的强劲北风鼓起了威尼斯海军的风帆，200多艘军舰再次浩浩荡荡出现在金角湾一侧，向君士坦丁堡的北面压来。在此之前，十字军已召开作战会议。这次，他们决定把2艘战舰捆绑在一起，

◎ *十字军第二次围攻君士坦丁堡，绘于15世纪。*

认为一加一的威力要大于二，其中最大的2艘双体船：“朝圣者”和“天堂”还被重新安置了船载云梯。拜占庭人方面也同样不敢松懈：阿莱克修斯五世带领所有的武装力量在城西北角的基督全见修道院安营扎寨，皇帝设置在高处的猩红色丝绸帐篷引人注目。皇帝恪尽职守，亲自指挥和监督部队，一场恶战即将爆发。

面对君士坦丁堡金角湾一侧的沿海城墙，威尼斯人以双体船从两侧夹击，不断轰击一座塔楼。强劲的北风对十字军非常有利，把船队送得离城墙极近。双方再次以各种远程武器疯狂对射，石块、弩箭在空中飞舞。虽然十字军的木制船舶很容易着火，但他们早就做了预防措施，用覆盖物把船上的攻城器械保护得好好的，因此并没有着火。尽管如此，依旧约有40艘桨帆船因害怕被烧而暂时退却，海流随即将它们冲离。之后，这些船便想办法在沙滩上搁浅，船上人员在喊杀声中以攻城槌和云梯等器械攻击沿海城墙。

用攻城机械不断轰击造成防御缺口后，威尼斯人从“朝圣者”船上伸出攻城梯。在震耳欲聋的喊杀声中，密密麻麻的战士开始手脚并用不断向上攻击。一个威尼斯人首先登上塔，但却被守卫用斧子和剑劈成了碎片。守军抵挡住这次进攻后，海潮再一次把船体送近城墙，又是一阵杀声震天的攻击。这一次，一名全身甲胄的法兰克骑士猛然拔剑从守卫的脚下跳上了城墙。这位名叫优尔布瓦泽的安德烈的骑士打退了守军的反击，取得了最早登塔的荣誉，同时还将获得100银马克的重赏。

◎ 第二次攻击君士坦丁堡，丁托列托绘。

人都知道，里面有一支大军在等待自己，谁去谁送死。阿勒梅毫无畏惧地手脚并用往里钻，罗伯特劝阻未果，甚至想拉着教士的脚把他从小洞里拉出来。但这位勇敢的教士还是钻进洞通过了城墙，一大群希腊守军果然在等着他。孤身一人的阿勒梅拔出匕首一阵乱刺，吓得包围他的守军四散奔逃。于是，阿勒梅向外喊道："先生们，勇敢地进来吧！你们会看到他们都在逃走。"

很快，有 4 座塔楼便被十字军顺势攻占了。

亚眠的彼得伯爵带领 10 名骑士和 60 名扈从，迎着拜占庭人滚下的巨大石块和希腊火，举着盾牌用器械把城墙破坏出一个勉强可容一人的洞来，然后英勇无畏地攻进城墙。克拉里的罗伯特（Robert de Clari）记录了一位勇敢的教士阿勒梅以个人英雄主义的方式第一个进入城墙内的过程：发现了一个很小的木门后，以阿勒梅为首的几个人开始在战友撑起的盾牌掩护下，拿着斧子刀剑拼命乱砍这扇门。拜占庭守军滚下很多巨石，发射很多弩箭甚至是希腊火，都没能阻挡十字军挖掘。挖出一个能进人的很小的洞后，十字军们却面面相觑，没人敢第一个爬进去。因为所有

一个接一个攻进城的十字军发觉城墙里面的守军人数极多，但却不是职业军人，都是临时应召来的民兵。他们被亚眠的彼得高大如城堡一样的身躯吓怕了，没打几下就逃跑了。尼西塔斯记载，逃兵眼中的彼得足有十几米高！可见他们已被吓破了胆。彼得率领的那群尖兵向基督全见修道院进发，甚至冲到了离阿莱克修斯五世不到一箭之遥的地方。这一小队人马随后陷入重重包围，却在彼得的带领下仍然毫无惧色。皇帝鼓励兵士反击，但灰心丧气的拜占庭人却拒绝死战到底。与此同时，城外的拉丁人用攻城槌敲开三座城门后，便立即鱼贯而入。然后，十字军从运输船上放出马匹，让法兰克骑士们骑着马从城门

入城战斗。拜占庭的守军毫无还手之力，皇帝命人也吹起银号转身逃了，不少希腊兵士逃到布雷契纳城门处躲避，只有瓦兰吉卫队手执双手战斧和大剑与拉丁人进行残酷血腥的肉搏，抵挡了一阵。

1204年4月12日黄昏（即主后一千二百零四年的圣枝主日后的星期一晚祷时分），十字军攻入伟大的君士坦丁堡，这是此城建城700多年以来，第一次被一支军队攻破。尚未占领全城，十字军就已经发觉马匹、骡子等类似战利品不计其数，这座城市的壮美和富庶令人惊叹。佛兰德和埃诺伯爵鲍德温得到了皇帝阿莱克修斯五世的营帐，蒙特费拉特侯爵则带领手下向城市纵深处攻打去。

阿莱克修斯五世骑马穿过街道，逃进了马尔马拉海边的布科勒昂宫（Bucoleon），穿上紫衣是他的梦想，但把紫衣当葬衣就是另外一回事了。他自知大势已去，便向部属喊话，佯装自己将要去抗击十字军，事实上却趁夜色带着自己的姘头欧多西娅·安格琳娜公主和她的母亲尤弗罗西妮皇后从金门一路向西逃向色雷斯了。在君士坦丁堡生死存亡的当口，这个先前主张对拉丁人强硬动手的主战派人却贪生怕死了。

尚未逃亡的元老得知皇帝逃跑后，就在圣索菲亚大教堂内集合，国不可一日无君，他们将皇冠给了阿莱克修斯三世的女婿狄奥多尔·拉斯卡里斯，即使这样也不

◎ 拜占庭守军和入城的十字军巷战

◎ 十字军攻入君士坦丁堡的版画，古斯塔夫·多雷绘于19世纪。

◎ 意大利拉文纳圣乔瓦尼教堂的马赛克，描绘的是十字军攻入君士坦丁堡。

能挽留拉斯卡里斯与城共存亡的命运。新皇帝协同君士坦丁堡大牧首约翰十世在大皇宫附近奥古斯都广场的帝国公路零公里纪念处（Golden Milestone ）向瓦兰吉卫队讲话，激励他们奋勇御敌。之后，新皇帝还是和一群贵族高官携带金银细软上船，向小亚细亚逃了，大牧首和一些高级神职人员则向色雷斯奔逃。

十字军很快就占领了城北的布雷契纳宫，并且以该处作为突破口开始占领整座城市。当天入夜时分，人数处于劣势的十字军害怕拜占庭军队偷袭，有一些人在蒙特费拉特侯爵驻扎地的对面放火，火焰到处蔓延焚烧民居。这是法兰克人在君士坦丁堡放的第三把火，从那天夜里一直烧到第二天黄昏。据目击的维尔哈杜因的若弗鲁瓦描述，烧掉的房屋面积相当于法兰西王国最大的三个城市面积之和，共造成15000 名君士坦丁堡居民流离失所。总之，一切都被淹没在混乱、哭声和鲜血中。第二日，一队哀痛的君士坦丁堡人举着十字架和圣像来到十字军首领面前，表示该城投降。这座由君士坦丁大帝建立的“新罗马”，守卫拜占庭帝国基督教信仰的基石，就此被同为基督徒的罗马天主教徒所攻克。

三日大劫

次日（4 月 13 日），由于瓦兰吉卫队已趁夜色逃走，君士坦丁堡全面落于十字军之手。破城后，十字军立即开始三天三夜的洗劫、破坏和屠杀。无论是皇宫、教堂、府邸、浴场、墓地、修道院，还是国家图书馆、公众会议厅、大赛车竞技场，都是这些对财宝如饥似渴的十字军洗劫的对象。博尼法斯侯爵沿着海岸一直攻掠到布科勒昂宫，那里有一大群高贵的女士在避难。在得到侯爵保证所有人生命安全后，布科勒昂宫投降。贵妇中还有一些是西欧王室嫁过来的女性：例如法国国王腓力二世·奥古斯都的妹妹阿格尼斯，她原本是阿莱克修斯二世的皇后，丈夫被杀之后又嫁给年老的安德洛尼卡一世为后，第二任丈夫再被杀后嫁给拜占庭将军提奥多尔·布拉纳斯，她是整个拜占庭政局动荡的见证人。匈牙利国王贝拉三世的女儿玛格丽特，她现在也成了寡妇，丈夫伊萨克二世被害死了。这些贵妇们带着很多金银珠宝，因此蒙特费拉特侯爵和手下的收获极其丰厚。据说，此次收缴的珠玉宝物难以计数。布雷契纳宫则被佛兰德的亨利所占领，并移交给他的兄弟佛兰德伯爵鲍德温。对方的投降条件也是不伤害宫内躲藏的任何人性命，伯爵和下属在此宫中掠夺的珍宝贵物不比侯爵在布科勒昂宫所得的少。

普通士兵冲进金碧辉煌的圣索菲亚大教堂，将其中珍藏百年的圣器掠夺一空，把装饰用的珍珠和宝石都挖了出来。为了拿走挂着的金链，他们连圣所的大幔都扯落了。他们还边抢边毁，用脚任意践踏那些珍贵神圣的圣器，敲砸祭坛以瓜分上面的金银。在这里，他们仿佛被恶魔附身，不仅拿圣器当酒杯喝酒，还把一个妓女抱上了君士坦丁堡大牧首的宝座，让她唱淫歌、跳艳舞，以亵渎这座神圣的教堂。国家图书馆被烧毁，珍贵的古籍和卷宗扔得到处都是，被随意焚

◎ 布科勒昂宫靠海边入口处的石狮子，现藏伊斯坦布尔考古博物馆。

毁。超过六分之一的城区被毁坏。很多金银铜器都被砸碎浇注成块，甚至驮畜都因负担掠夺物太多而摔倒。伴随十字军东征的主教和修道院院长们也没手下留情，大量宗教圣物真迹被运回西欧。哈伯施塔特主教康拉德回国时，当地人为他所带回来的名贵圣物之多惊叹不已，称 1205 年为“圣物的盛宴”之年。主教带回的战利品有十二使徒的圣物、“真十字架”碎片、甚至有一片 11 世纪拜占庭制作的圣体。从君士坦丁堡被带走的圣物中，还有传说中耶稣死后裹其尸身的“都灵裹尸布”。作为十字军亲历者的克拉里的罗伯特（Robert de Clari）曾在其回忆录里写道，布雷契纳的教堂中供奉着“曾经裹着我主”的那块布，这是都灵裹尸布第一次出现在 1358 年前的历史上。有学者认为，第四次十字军东征时，这件重量级圣物被得胜的十字军当作战利品从君士坦丁堡带走了。当时，被十字军掠走的圣物为数极多，以至于大兵们赌钱喝酒的桌子上都放满了基督和圣徒们的圣像。

因为蒙特费拉特侯爵被拜占庭人恳切的乞求感动了，下令打开城门，让他们逃跑。然而，那些曾被君士坦丁堡人赶出家园的拉丁人却变得非常凶恶，他们返回屠杀仇人并且抢劫财物，此次劫掠导致大约 2000 名君士坦丁堡市民被杀。作为亲历者的尼西塔斯·蔡尼亚提斯，依靠一位好心的威尼斯商人帮助才平安无事。

据事后统计，劫掠财物的价值总计高达 90 万银马克，其中，威尼斯人抢到 15 万银马克，十字军抢到 5 万银马克，还有

◎ *1204年4月13日—15日，十字军大掠君士坦丁堡。*

10 万银马克由双方平分，十字军欠威尼斯人的 5 万银马克的船费也至此偿清。至于剩下 50 多万银马克的去向，就在各个十字军参与者的钱袋里。据一些历史学家统计：十字军中的步卒每个人能分到 100 银马克；教士和骑兵 200 银马克；骑士则有 400 银马克，这还没有算上私人劫掠所得。以现在的市价计算，即使最底层的兵士都摇身一变成了百万富翁。法兰西人和佛兰德斯人都用精美的绸缎和飘逸的亚麻布匹来装饰马匹。维尔哈杜因的若弗鲁瓦（Geoffroi de Villehardouin）作为亲历者在其《君士坦丁堡的征服》中写道：“所有的战利品，多得不得了。没有人能告诉你究竟有多少。黄金、白银、器皿、宝石、锦缎、银线布匹、长袍、貂皮、灰鼠皮、银鼠皮以及各种精致的东西，散乱堆放在地上……自从世界被创造以来，从来没有任何一个城市可以有这么多的战利品。过去的穷汉，现在富有了。”

作为第四次十字军东征发起者和积极促成者的英诺森三世，得闻十字军在君士坦丁堡的斑斑劣迹时，异常震惊且充满恐惧。他立即写信给随军的枢机主教卡普阿

的彼得。在信内他大骂：“这些自称‘基督的战士’的人应该把他们的剑挥向异教徒，而不是浸满基督徒的鲜血……他们剥下祭坛上的银板，劫掠圣所、圣像、十字架和圣物……这些拉丁人是黑暗堕落的例子，难怪希腊人称他们为狗！”虽然英诺森三世骂得痛快，并且还煞有其事将一些参与者开除教籍，但事实上，他接受了从陷落的君士坦丁堡带来的珍贵珠宝、书籍和圣物作为梵蒂冈的珍藏，而且内心对东方正教会再次归于罗马的权柄之下欢欣不已。此后，一位威尼斯人托马斯·莫罗西尼被选为拉丁教会的君士坦丁堡大牧首。至此，自11世纪东西教会大分裂之后，分裂的东西教会表面上再次合并，英诺森三世把此事称为“基督无缝的里衣”。

余 波

征服君士坦丁堡后，十字军认为，既然合法继承人已死，他们可以“合法”占有这个帝国了。他们组成十二人委员会决定选举拉丁人当皇帝，这个委员会由六位高级教士和六位威尼斯人组成，他们集合在皇家教堂内，通过商议选举出新的皇帝。在征服君士坦丁堡的军事行动中，年迈的恩里科·丹多洛是出力最大、功勋最卓著的一位，但威尼斯人认为共和国的元首和帝国的皇帝，这两种身份有不可调和的矛盾，将会损害他们的利益。所以他们否决了自己的总督，而把目光投在两位十字军的领袖——蒙特费拉德侯爵博尼法斯和佛兰德伯爵鲍德温的身上。

由于和拜占庭皇室的联姻关系，拜占庭人更喜欢蒙特费拉德侯爵，但据说这位北意大利的侯爵和威尼斯的竞争对手热那亚有千丝万缕的联系，威尼斯人因此选择了更年轻的鲍德温伯爵。苏瓦松主教当众宣布：“我们一致投票同意佛兰德和埃诺的伯爵鲍德温，现在成为各位的君主和东部的皇帝，大家要对当选的君主宣誓效忠。”1204年5月16日，32岁的佛兰德伯爵鲍德温在圣索菲亚大教堂内，身着一身价值高达6.2万银马克的珠宝行头加冕，成为“罗马尼亚帝国”的皇帝。这个由十字军建立、替代信奉东正教的拜占庭帝国的国家，史称“拉丁帝国”。

◎ 佛兰德和埃诺伯爵鲍德温九世登基成为拉丁帝国的皇帝鲍德温一世

按照第二次攻城之前十字军内部已经制订好的分赃协议，拜占庭帝国被瓜分了：威尼斯人占有原拜占庭领土的 3/8，非威尼斯人占有 5/8。君士坦丁堡城区也如此瓜分，皇帝鲍德温一世取得其 5/8，拥有布雷契纳宫、布科勒昂宫和大皇宫等地。威尼斯人获得君士坦丁堡城区的 3/8，包括君士坦丁堡商业区、圣索菲亚大教堂、至上基督修道院、圣母修道院、全知基督修道院等。于是，又一批实行西欧封建制的十字军国家在地中海东北岸诞生，拜占庭人将它们称为“Frankokratia”，即“法兰克人统治的国家”。

此外，博尼法斯侯爵得到了以塞萨洛尼基为首府的塞萨洛尼基王国，范围包括马其顿和塞萨利地区。他的封臣奥托·德·拉·罗什得到了希腊阿提卡半岛、维奥蒂亚和其沿海岛屿组成的雅典公国。香槟的威廉得到了伯罗奔尼撒半岛上的亚该亚侯国。其他重要的领主也都分到了土地：布卢瓦和沙特尔伯爵路易得到了尼西亚，圣波勒伯爵于格得到了德莫迪卡，等等。这些土地再层层分封给更低一级的封臣，拉丁帝国有附庸封邑菲利波波利公国，塞萨洛尼基王国有萨隆纳伯国等。连《君士坦丁堡的征服》一书的作者维尔哈杜因也以“香槟和罗马尼亚元帅”的名义分封到塞雷城的土地。1207 年，一支威尼斯舰队在丹多洛总督侄子的带领下，又攻占了爱琴海南部的基克拉泽斯群岛，在一连串岛屿上建立了爱琴海群岛公国。这些新的十字军国家名义上隶属于罗马尼亚帝国，实际上是各自独立、以封建义务为纽带的联合体。

拜占庭遗民也圈划土地各自独立统治，其中最大的是君士坦丁堡陷落之前就

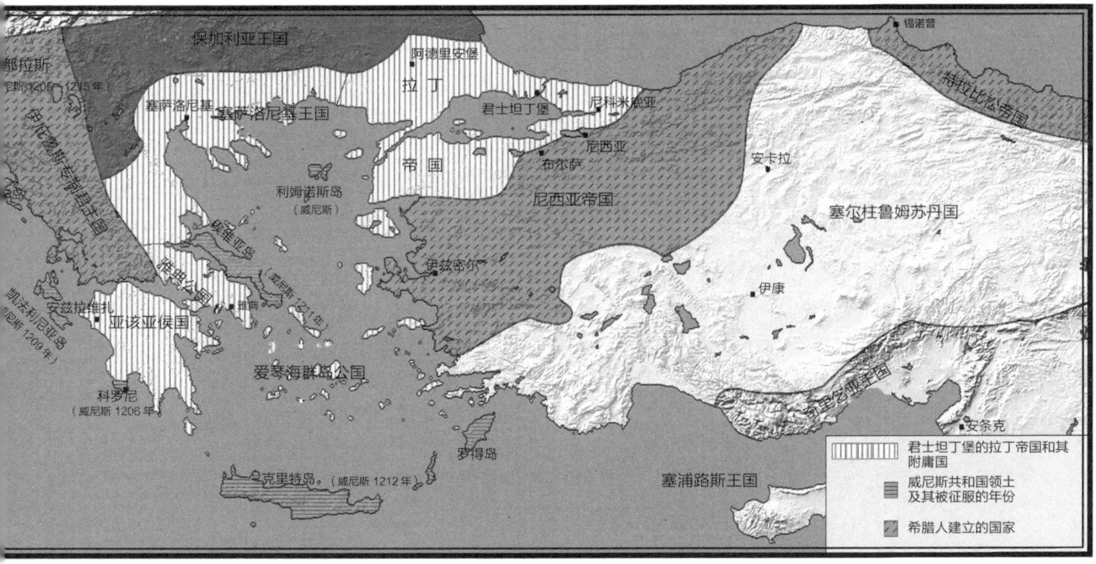

◎ 第四次十字军之后建立的国家

由元老院选出的新皇帝狄奥多尔·拉斯卡里斯建立的尼西亚帝国：狄奥多尔·拉斯卡里斯和担心拉丁人势力东扩的塞尔柱突厥人联合，得到了尼西亚附近的一批土地并定居下来，后来统治着小亚细亚西部沿海，包括尼西亚、普鲁萨、吕底亚、士麦那和以弗所之间的一大片土地。在原拜占庭帝国的西部，伊萨克二世的伯父约翰·杜卡斯的私生子米海尔·科穆宁·杜卡斯建立了伊庇鲁斯专制君主国，控制着希腊西北沿海和塞萨利许多地方，包括埃托利亚和尼科波利斯临近地区以及延伸到都拉基乌姆的地区。1200年左右，因政治乱象逃出首都君士坦丁堡的皇帝安德洛尼卡一世之孙阿莱克修斯建立了特拉比松帝国，统治着黑海东南部的狭长地带。还有一些由拜占庭人统治的小片地区。曾经的拜占庭帝国就这样被肢解瓜分了。

这次十字军东征后，威尼斯获得了巨大的收益，亚得里亚海沿岸的商业地区尽收囊中：无论是克里特岛、色雷斯沿海重要港口，还是达达尼尔海峡港口城市，抑或是马尔马拉海沿海重要港口等重要商业战略要地，都被威尼斯取得。从此，威尼斯称霸地中海贸易。立下汗马功劳的恩里科·丹多洛，在攻占君士坦丁堡后的第二年（1205年5月）便溘然长逝，将近百岁高龄。他被隆重地藏在圣索菲亚大教堂内。

逃跑的“浓眉”阿莱克修斯五世的下场也很悲催。他一开始得到了阿莱克修斯三世的热情欢迎，还娶了其女儿欧多西娅，好似要让他成为其继承人。但腹黑的阿莱克修斯三世计划着一个阴谋，他派人趁阿莱克修斯五世洗澡时把他抓起来并刺瞎了

◎ 圣索菲亚大教堂内，威尼斯总督恩里科·丹多洛坟墓可能所在处的铭牌，立于19世纪。

◎ 鲍德温之塔，位于保加利亚的特尔诺沃，传说拉丁帝国的鲍德温一世在此被囚禁至死。

他双眼。失明的阿莱克修斯五世被拉丁人俘获，然后被赶上狄奥多西石柱的旋转楼梯，一直通到 44 米高的塔顶，在满满一广场观刑者的众目睽睽之下被扔了下去。他的老丈人阿莱克修斯三世·安格洛斯呢？他下令刺瞎过两位皇帝（伊萨克二世和阿莱克修斯五世）的眼睛，他的篡位行为间接导致君士坦丁堡沦陷，这个阴险又懦弱的皇帝却得到了善终：他在小亚细亚一座修道院里默默无闻地死掉了。

攻占君士坦丁堡三个月后，拉丁皇帝鲍德温没有在皇位上坐稳屁股就遭遇横祸：他和塞萨洛尼基王国博尼法斯兵戎相见了。可见，博尼法斯内心对自己居于鲍德温之下并不满。拜占庭残余力量和保加利亚沙皇卡洛扬联合起来进行反扑。在 1205 年 4 月 14 日的阿德里安堡战役中，鲍德温被库曼人和希腊人联军打败，损失惨重。布卢瓦伯爵路易阵亡，皇帝鲍德温一世则被卡洛扬俘虏后下落不明，以至于其死亡时间、地点、原因成谜。博尼法斯国王娶了伊萨克二世的遗孀、匈牙利的玛格丽特，生了一个名叫德米特里的儿子，并以妻子和前夫所生的儿子曼努埃尔·安格洛斯的名义收复了很多土地。他的统治前途似乎非常光明，但没过两年，1207 年 9 月 4 日，他就被保加利亚人伏击杀死，落得一个身首异处的下场，他的头还被当作礼物送给了卡洛扬。

攻占君士坦丁堡的十字军首领们在几年内就陆续死去。为了怀念死去战友的功绩，维尔哈杜因从 1207 年开始撰写关于第四次十字军东征征服君士坦丁堡的回忆录。这是一个令人伤感的结局，被征服者和征服者都遭到了灭亡的命运，博斯普鲁斯海峡边君士坦丁堡的美景从此蒙上了淡淡的哀伤。君士坦丁堡遭此厄运后，从此再未恢复其鼎盛时期的风采。1453 年，奥斯曼苏丹穆罕默德二世攻入君士坦丁堡时，发觉曾经金碧辉煌宛如人间天堂的大皇宫已经衰败不堪，不由自主地低吟：“蜘蛛在恺撒的宫殿里结网，

一只猫头鹰在阿夫拉西雅卜的塔内号叫。”史学家们普遍认为，作为抵御来自东方侵略力量的前沿堡垒，君士坦丁堡在1204年被十字军攻破后，迅速走向不可逆转的衰弱，从而无力抵御1453年奥斯曼土耳其人的强力围攻，拜占庭帝国从而走向瓦解和灭亡。尤其是十字军以圣战的旗号洗劫君士坦丁堡，造成东西教会之间的仇隙愈加不可弥合、愈行愈远。直到800年后，罗马教皇约翰·保罗二世向访问梵蒂冈的君士坦丁堡大牧首巴尔多禄茂一世表达歉意。2004年，在君士坦丁堡被攻破800周年纪念活动上，君士坦丁堡大牧首正式接受了罗马教皇的道歉，表示“和解的精神比仇恨更强烈”。这标志着东西教会最终冰释前嫌。

基督教的“十诫”禁止信众杀人，因此按照教义，基督徒不能参加战争。但圣奥古斯丁提出了“正义战争”，即基督徒可以参与战争，只要战争是为伸张正义与重建和平的缘故而进行的。但第四次十字军东征攻占君士坦丁堡一事等于破坏了天主教会号召武装朝圣在教义上的正义性，让参与者无法再以“正义”自居。此次十字军也破坏了发动东征的乌尔班二世的初衷，即信仰基督教的武士们停止内战、一致对付侵占教区后压迫杀害基督徒的穆斯林。由于威尼斯以商业利益捆绑了此次东征的方向，此次东征少了以往几次东征所拥有的浓重宗教情怀，以至于后世有历史学家称这次十字军东征为“商人的东征”。事实上，并非所有此次东征的参加者都参与了对君士坦丁堡的围攻，很多十字军那时已去支援圣地了。但因为此次东征的主力攻占了同为基督教信仰的君士坦丁堡，使得此次十字军东征运动受到了颇多指责。

第四次十字军东征最著名的战利品，当属被威

◎ 威尼斯圣马可大教堂西南角有一座由斑岩雕刻的“四帝共治像”，也是1204年从君士坦丁堡劫掠来的，用以装饰圣马可大教堂。

尼斯人抢走的四匹鎏金铜马雕像。这件古典艺术的杰作一度曾伫立在君士坦丁堡大赛车竞技场北端，在十字军洗劫时被威尼斯人抢到并运回威尼斯。1254年，它们被装饰到圣马可大教堂的立面上，从此成为该城最为著名的景点“圣马可之马”。所有来到威尼斯的人都会远远眺望它们，其庄严逼真的形象在人们的记忆里铭刻下深刻的印象，它纪念着“亚得里亚海女王”征服伟大帝国的首都“新罗马”的历史。

◎ 现今威尼斯圣马可大教堂立面上的青铜四驹为仿制品，原物在教堂内部，依旧可以参观。

主要参考书目：

（英）爱德华 · 吉本 . 罗马帝国衰亡史 . 黄宜思，黄雨石译 . 北京：商务印书馆 .2002

（法）塞西尔 · 莫里松 . 十字军东征 . 冯棠译 . 北京：商务印书馆，2000

（美）汤普逊 . 中世纪经济社会史 . 耿淡如译 . 北京：商务印书馆，1961

（美）威尔 · 杜兰 . 世界文明史 · 信仰的时代 . 台湾幼狮文化公司译 . 北京：东方出版社，1998

（英）罗杰 · 克劳利 . 财富之城 . 陆大鹏，张聘译 . 北京：社会科学文献出版社，2015

David Nicolle，The fourth Crusade，1202-04 2011.

Geoffroi de Villehardouin：Chronicle of The Fourth Crusade and The Conquest of Constantinople 13 century.

Kenneth M.Setton：A History of the Crusades 1955.

Donald E.Queller,Thomas F.Madden：The Fourth Crusade:The Conquest of Constantinople 1999.

Dr.Reinhard Barth,Uwe Birnstein,Dr.Ralph Ludwig und Micheal Solka： Die Chronik der Kreuzzüge 2005.

餐桌论输赢

南北战争中的美军伙食

作者：邹涛

美军伙食的“优良传统”

南北战争，可以算得上美国有史以来最为惨烈的一场战争了。当时，总人口3100多万的南北双方竟有数百万人走向战场，大约62万人死于非命，死亡人数几乎等于美国参加两次世界大战、朝鲜战争、越南战争的阵亡人数和。不过，我们这篇文章所讲述的并不是南北战争中那些充满热血与豪情的惨烈战役，而是帮助两军士兵将热血与豪情转化为实际行动的重要物资——军粮！

美国作为目前世界上唯一硕果仅存的超级大国，一方面，其军队拥有为世人瞩目的先进武器，另一方面，其军队拥有让人嫉妒的营养丰富的伙食和种类繁多的野战食品。第二次世界大战期间，美国大兵们对着源源不断运来的斯帕姆午餐肉大发牢骚，对口粮里巧克力的口味挑三拣四时，他们的盟友和敌人往往还在为不能填饱肚子而忧心忡忡。

经历过二战时期战火和饥荒折磨的人们都有一种印象：美国大兵多是可乐随便喝、巧克力当零食、口香糖到处撒、野战口粮随便送人，一副阔气到不可一世的形象。似乎只要是“美国大兵”，不管什么时候都不会为吃喝犯愁。

其实，只要是一个能够正常运转的政府，都会努力保证军队的口粮供应——不论那些士兵是花钱招募来的，还是刚下船就被强征入伍的。就如中国那句俗话“当兵吃粮”，军队里的头等大事就是先让他们有饭吃，不说天天见荤腥，最起码不会让他们饥寒交迫、食不果腹。要知道，军队里缺枪少炮一时半会儿倒无关紧要，只要不上战场厮杀，士兵们才懒得因为这种事给军官找麻烦，可

◎ 正在痛饮可乐的美国大兵

◎ 二战时，美军的野战口粮琳琅满目，令人非常羡慕。

如果没吃没喝的话，士兵们哪怕是一天也忍不下去。毕竟大家都心知肚明，当兵干的就是卖命的勾当，日后是要在战场上玩命的。日子是过一天算一天，微薄的军饷还可以忍忍，肚子吃不饱那就无法忍受了。军官如果不希望士兵给自己惹出什么乱子，最起码要让他们吃饱饭。但士兵们到底吃得如何，跟国家实力、军队体制建设以及政府清廉程度息息相关。

美军，可以说从建军伊始就有重视口粮配给的传统。独立战争爆发没多久，当时负责领导独立运动的权力机构——第二届大陆会议就于1775年11月规定了“大陆军”士兵的每日口粮标准：1磅（合0.454千克）牛肉或3/4磅猪肉，或1磅咸鱼（通常是历史悠久又价廉物美的腌鳕鱼）；1磅面包或面粉；1品脱（1美制湿量品脱约0.473升）牛奶；1夸脱（约0.946升）云杉啤酒或者苹果酒。每个士兵每周还有3品脱（1美制干量品脱约0.55升）豌豆或者蚕豆，或者按照每蒲式耳（1蒲式耳为64品脱）豌豆或蚕豆1美元的标准提供等量的其他蔬菜；每人每周1/2品脱大米或1品脱玉米面；没有啤酒或苹果酒供应的连队（100人）每周可以得到9加仑（约3.785升）的糖浆；每100人每周还有3磅蜡烛、24磅软肥皂或8磅硬肥皂的供应。

在那个年代，这一整套口粮供应标准称得上是相当慷慨的。它既参考了当时英国军队的标准，又考虑到了北美殖民地的实际生活水平和社会环境。18世纪后期，北美13个英属殖民地经过一百多年的开发后，农业和工商业都相当繁荣。除了那些在人迹罕至的边疆地区打拼的移民日子过得相对艰难些，北美殖民地的居民基本上没有经历过大规模的饥荒。

在这片真正称得上是“上帝应许之地”的富饶大陆，想填饱肚子根本就不是什么大问题，只要稍微花点儿力气开荒种地就有玉米面饼吃。玉米这种既耐热又耐干旱的高产作物几乎是早期移民餐桌上必不可少的食品。想吃肉的话也很好解决，北美地区的草原林地里有数不尽的飞禽走兽，野牛、野火鸡成群结队，野鹅、野鸭和北美旅鸽（早在19世纪末就基本上被美国人给吃绝种了）飞起来都是遮天蔽日，只要肯出门打猎就有数不尽的野味吃。就算自己没工夫出去打猎，也可以去集市上购买，且价钱非常便宜，直接从印第安人那里购买更是便宜得离谱。1735年，在佐治亚的土著居民那里购买一头鹿甚至只需要6个便士。想吃水果的话，北美地区林间草场上的各种野生浆果非常丰富，蓝莓、树莓、稠李、野樱桃、野葡萄俯拾皆是，还能让餐桌显得不那么单调。

这是一片物产丰富的土地，漂洋过海移民到北美寻找活路的人们经历了早期的艰辛后，能获得的食品供应数量和品质（特别是肉类）已经比欧洲强了许多。尤其是大西洋沿岸人口密集地区，居民们的日常生活相当滋润，天天都有酒有肉。对独立运动的领导者来说，要把这些在家里吃喝不愁的家伙弄到军队吃糠咽菜当然很不现实。既然对面的英国红衣兵口粮不差，大陆军这边也不好意思弄出个寒碜的伙食标准来，倒不是害怕被英国人拿来当笑料，而是因为这个标准关系到士兵及军官的切身利益。

不过，拜糟糕的财政状况和拙劣的后勤部门所赐，对独立事业充满热情的大陆军不仅很难兑现这个口粮标准，还经常处于严重缺乏给养的境地。因为饥寒交迫、待遇微薄，士兵走投无路闹饷甚至拖枪逃亡的事件层出不穷，整团整团的哗变也是司空见惯。如果没有法国国王路易十六的慷慨解囊，很难想象那些光着脚躲在暗处放冷枪的“一分钟人”怎样才能斗得过久经沙场的英国红衣兵。

吃喝不愁的联邦军队

多亏法兰西的大力支援，独立后的美国才能凭借得天独厚的地理环境，发展工农业生产。美国拥有令全世界羡慕的优越自然环境，非常适合大规模的农牧业开发，因此很快就成为当时世界上农业最为发达的国家。美国北部的大湖平原地区土地广袤肥沃、降水均匀，很快就赢得了“小麦王国”的美称。19 世纪上半叶，美国开始工业革命，全国性的市场逐渐成形，铁路、水运等交通运输条件的改善大大刺激了对粮食的需求和流通，农业科技和农机新发明也层出不穷。在南北战争爆发前的四十年里，美国的粮食总产量竟然翻了四番，不仅能够做到粮食自给有余，还大量出口到欧洲。当时粮食的主要产区都集中在北方反对蓄奴的自由州，农牧业的极速发展使得美国北部联邦能在市场上买到足够的面粉、肉类和其他农产品，满足军队士兵吃饱肚子的要求。

与缺吃少穿、士兵经常因饥寒交迫而哗变的独立战争时期不同，南北战争期间，北部联邦军队的口粮供应相当充裕，甚至常出现浪费的现象。1861 年，当时的给养局局长约瑟夫·潘尼尔·泰勒上校向战争部长西蒙·卡梅伦夸口，历史上还从没有一支军队吃得这样好。从士兵们每日应得到

◎ 战争部长西蒙·卡梅伦

的口粮数量看，这种说法也不算夸大其词。

按照战争部 1861 年 8 月 3 日至 1864 年 6 月 20 日执行的营地供应标准，每个士兵每天能得到的口粮有：猪肉或培根 12 盎司（1 盎司约 28.3 克），或是 1 磅 4 盎司的鲜牛肉（或腌牛肉）；软面包或面粉 1 磅 6 盎司，或是 1 磅硬面包或 1 磅 4 盎司的玉米面。每提供一百份口粮还同时供应豆子或豌豆 1 配克（美国常用的干货容量，约 2 加仑）；大米或玉米片（一般是煮粥用的）10 磅；绿咖啡豆 10 磅或烘烤过的咖啡豆 8 磅，或是 1 磅 8 盎司的茶叶；15 磅糖；4 夸脱醋；1 磅 4 盎司蜡烛；4 磅肥皂；3 磅 12 盎司盐；4 盎司胡椒；1 夸脱的糖蜜；有时还有 30 磅土豆。豆子、豌豆、土豆、大米和玉米片也常常用脱水蔬菜和脱水土豆替代。

虽然受当时科研水平的限制，人们还不知道维生素 C 为何物，但新鲜水果和蔬菜能够预防坏血病的知识也已广为人知。自从大航海时代开始，坏血病的危害人们已经见得多了，这种严重影响军队战斗力的疾病显然引起了后勤部门的足够重视。尽管在当时的条件下，还做不到经常向部队供应新鲜水果和蔬菜，但桃干、苹果干这些便于运输储存的代用品还是会偶尔发放。联邦军队里有来自欧洲各个国家的移民，其中德意志裔的军官和士兵不少，偶尔发放适合这些家伙胃口的酸泡菜会给他们惊喜，尽管这种通常以圆白菜为主的德式料理对欧洲其他国家的移民来说又酸又臭。但后勤部门能让大家开心的日子并不是很多，发放物资的数量也很难满足大家的需要，如果想弄到其他的新鲜蔬菜和水果就得靠军队就地搜刮的能力和运气，这时，大兵们只能各显神通了。

战争时期士兵得到的行军口粮当然不如平时在营地里得到的那样多，相对简单多了：1 磅硬面包，3/4 磅腌猪肉或 1 磅 4 盎司鲜肉，少量糖、盐，还有非常受士兵们欢迎的咖啡豆。其实，对士兵来说，只要背包里有足够的腌猪肉或者腌牛肉，就不用发愁每顿尝不到咸味，发不发盐就无所谓了。盐通常在部队有鲜肉供应时才能派得上用场，当然也常常用来处理小伤口。

除了大量用橡木桶里贮存运输的腌猪肉和腌牛肉，联邦军队的后勤部门也会从各处搜罗牲口来保障鲜肉供应，通常是方便长途运输的肉牛。之所以很少运输活猪，是因为在那个时代活猪在长途运输中的死亡率太高。哪怕在交通运输发达的今天，如何减少生猪在运输过程中的死亡率依然是一桩令人头疼的难题。另外，万一大群猪在路上发起性子四散逃命，联邦军队可就头疼了。因此，他们更喜欢随群行动的牛，好驱赶。每当大军开拔时，供他们食用的牛群就时常尾随部队行动，但有时也需雇佣有经验的牛仔来照看这些随时可能闹乱子的大牲口。那些离北方大城市较近的联邦军队获得鲜肉补给会更容易一些，波托马克军团因临近华盛顿、纽约和费城，在这方面就占了不少便宜，华盛顿屠宰场每天都会给他们供应八九十头肉牛。主管华盛顿屠宰场的军官曾出于好意，每天从中挑选上等牛排送到白宫厨房给林肯总统当早餐，不过，总统得知这一优待后为了避免他人的非议，婉言谢绝了。

当时，世界上各个国家都把如日中天的大英帝国红衣兵作为军队的标杆。虽然人人都嘲笑“约翰牛”①的舌头不大灵光，吃饭的口味不敢恭维，但红衣兵的伙食供应标准，绝对是当时世界头一等的。然而，联邦军队的伙食标准甚至是英国军队的1.2倍，几乎是法国军队的2倍，俄国、普鲁士和奥地利军队的2倍多。可见，当时联邦军队的伙已足以让欧洲大陆的那些同行羡慕不已。联邦军队之所以在口粮方面下如此血本也是情非得已，美国人在这片富庶的土地过的是安逸日子，每天都有酒有肉，把他们拉到军队忆苦思甜是万万不行的——倒不是怕他们开小差当逃兵，是怕吃得不好真的会丢了性命。早在1818年，当时的美国战争部长约翰·卡尔霍恩就曾抱怨过：“在忍受困苦的能力方面，我们远不及大多数民族。同样条件下一个鞑靼人能过得很安逸，一个美国人却可能会饿死。”美国军队极度重视后勤和军队的吃喝，也是有历史方面的深刻教训。

◎ 曾担任战争部长的约翰·卡尔霍恩

联邦政府费尽心血为军队提供的各种补给品数量巨大，浪费起来也同样惊人。欧文·麦克道尔将军曾相当谦虚地说：“用我们浪费掉的东西就足够供应一支相当于我们军队一半的法国军队。”不过，联邦军队的将军似乎都有囤积物资的特殊爱好，不管用不用得上都拼命要求，生怕后方供应的速度赶不上消耗的速度，经常有人借口军队需要储备足够的物资而迟迟不肯进军。林肯总统就差点儿被将军们这个仓鼠似的习惯给逼疯掉。1861年11月，他在给班克斯将军的信中就快沉不住气了：“亲爱的将军，迄今为止，这样无限制扩充和积聚辎重几乎叫我们破产了，如果不改弦易辙，最后一定会破产。”

总统快气疯了，但将军们依然我行我素，该囤的还是囤，那些说不清楚是不是需要的物资也照囤不误——说不定哪天就派上用场了呢？因此南北战争期间，北方

① “约翰牛”是英国人的绰号，是英国人自己取的，出自16世纪英国著名作家兼宫廷御医约翰·阿布斯诺特（John Arbuthnot，1667—1735年）的政治讽刺作品。

◎ 林肯总统高大魁梧，非常具有幽默感，但手下的将军们依然能惹他发脾气。

◎ 亨利·哈勒克将军曾任联邦陆军总司令，1864年，格兰特将军接替了他的职位。

的物资供应非常充裕。即便如此，由于战场上的局面错综复杂，南北双方的战线不断变化，攻守易位的情况时有发生，联邦军队也难免有走背运饿肚子的情况。“查塔努加镇之围”就是最好的例子。

位于田纳西州东南部的查塔努加镇四面环山，田纳西河从镇上穿过，水运很便利。这个河湾处的镇子虽然不大，却是两条重要铁路的交汇点：一是从田纳西州西部城市孟菲斯出发，向东经柯林斯、查塔努加镇，再转向东北经林奇堡通往南方邦联首都里士满的铁路，这是南方仅有的两条铁路主干线中的一条，密西西比河流域和弗吉尼亚的人员物资往来很大程度上都依靠这条铁路；另一条是从田纳西州首府纳什维尔经查塔努加镇连接重要工业中心亚特兰大的铁路。叛军控制着查塔努加，就能继续以此为基地在田纳西与联邦军对峙，进而向北方的肯塔基州发动袭击。更重要的是，这里扼守着佐治亚州的门户，一旦失去了这道屏障，佐治亚州就会门户大开。要知道，佐治亚州不仅有工业中心亚特兰大，而且是南方主要的粮食供应地——“佐治亚一个州生产的粮食，不仅足够本州的人民和军队吃，而且可以供养整个弗吉尼亚军团”。因此，这个不大起眼的小镇对南方来说，实际战略地位非常重要，仅次于亚特兰大和里士满。驻守在这里的是南方邦联的布拉克斯顿·布雷格上将及其田纳西军团。

为了拿下这处战略要地，1863年9月9日，一向以小心谨慎、关爱士兵著称的联邦军队威廉·罗斯克兰斯少将在他的坎伯兰军团休整半年后终于开始有所行动了。毕竟，需要囤积物资或部队需要休整的借口，华盛顿那边已经听够了，再不指挥坎伯兰军团做点事的话，陆军司令亨利·哈勒克就得下令让他卷铺盖滚蛋了。在罗斯克兰斯少将的指挥下，联邦军队威胁到守卫查塔努加与后方的联系，迫使驻守在查塔努加镇的叛军不得不放弃这个群山环抱的小镇。联邦军队不费一枪一弹就占据了这里。但兵不血刃的罗斯克兰斯少将很快就发现自己所处的形势并不像预想的那样好。从查塔努加撤出来的布拉克斯顿·布雷格上将及其田纳西军团并没有一走了之，而是回过身来与赶来协助的援军一起在奇克莫加河地区设好了圈套，给匆匆忙忙就追赶过来的联邦军队来了个回马枪。风水轮流转，9月20日，经过两天的混战后，吃了败仗的罗斯克兰斯少将带着不到4万人的残兵败将仓皇撤退。逃回查塔努加镇的联邦军队很快就被围上来的叛军切断了与外部的主要交通线，四面环山的地形让退守镇上的联邦军队吃足了苦头。现在，他们终于明白为什么守卫这里的南方佬这么轻易就弃城而逃了。

由于附近的铁路线经常因叛军袭击而中断，守城的联邦军队只能依靠一条60多英里长的崎岖山路从外面运输给养。货运马车沿着山路运一趟物资进来需要至少八天的时间，运进来的物资也是杯水车薪。而且，这条山路如遭遇恶劣的天气就无法通行，更糟糕的是，山路还经常有叛军骑兵神出鬼没。9月底，镇子里的联邦军队每天的硬饼干开始减半，10月中旬时，每天的口粮减为正常时期的四分之一，有时甚至不得不喝粥充饥。士兵们吃不饱肚子，干活的牲口更惨，有将近1万头骡马因缺乏饲料而倒毙。炮兵最倒霉，没有拉炮车的牲口，只好自己移动火炮和弹药车。不光人和牲口没吃的，联邦军队手里的武器也快“断粮”了，现存的弹药储备只有平时的一半，不知道够不够打一仗。

面对弹尽粮绝的危险，罗斯克兰斯少将有些惊慌失措，求援的电报发个不停。其实，如果沿着田纳西河运送物资，既安全运输量又大。在查塔努加镇，有两条蒸汽船，如果用这两条船从亚拉巴马州的布里奇波特往这里运物资，每天能运200吨左右。显然罗斯克兰斯少将已经慌了神，根本没有注意每天从眼前奔流的田纳西河。平日里待人温和又颇具幽默感的林肯总统这时也觉得罗斯克兰斯少将“像一只

◎ 联邦军队的士兵正在帐篷外面吃饭，铁皮杯子是必不可少的餐具。

脑袋被击中的鸭子那样晕头转向，不知所措”。不过，想想少将大人和一帮刚吃了败仗、正惊魂未定的士兵们的处境，不吓得心慌意乱才怪呢！他们被困在一个小镇子里，周围的山头上都有敌人活动，弹药又没多少了，粮食也快没了，外面的援军还不知道哪天才能到……

幸好，援军来得不算晚。10月底，胡克将军的手下开辟了布里奇波特与查塔努加镇的水陆两条物资运输线，有了“饼干运输线”的查塔努加守军终于不再继续饿肚子了！

捉襟见肘的南方叛军

相对北方充沛的物资，南方在物资方面就显得捉襟见肘了。发动叛乱的南方诸州虽然蓄谋已久，对战争的准备也更充分一些，但叛乱之初，南军的口粮就比不上北军，最明显的就是肉制品的供应。每个邦联士兵每天能得到：培根或牛肉1/2磅，或是1磅的鲜牛肉或者腌牛肉；面粉或玉米粉1/2磅，或硬面包1磅。每100名士兵另外能得到：8夸脱豌豆或10磅大米（煮粥用的）、4夸脱醋、2夸脱盐、6磅糖、4磅肥皂、1/2磅蜡烛。一般来说，南方邦联军队经常吃玉米粉。毕竟小麦的主要产区是北方，南方是玉米的传统种植区，玉米饼也是南方庄稼汉的日常食品，邦联政府给大家吃玉米饼倒也并没什么不妥。不过，按照多年以来的生活习惯，士兵们吃的理应是白玉米粉。因为直到20世纪初期，美国大部分南方人还是固执地认为黄玉米粉是给牲口吃的饲料。可是仗一打起来，前线的南方士兵就顾不上追究自己吃的是不是饲料了，能按时足额地弄到黄玉米粉，大家就会念叨几句“感谢上帝”！

战争初期，南方邦联原本打算照搬北方的口粮标准，可很快就发现根据邦联眼下的经济现状，根本无法与财大气粗的北方佬相提并论，更不用说制定这么奢侈的口粮标准。长久以来，以农业生产为主的南方靠奴隶种植园制过着相对安逸的日子。其实，南方的土地和气候也适合生产粮食。不过，为了获取丰厚的利润，大部分水土条件优良的奴隶种植园一直以种植棉花、甘蔗、烟草等对外出口的作物经济为主，严重依赖北方的小麦和肉类。地里需要的各种农业机械和资金也一直仰仗北方。一打起仗来，南方的种植园主们就傻眼了。战争爆发后，邦联政府才出台政策扩大粮食种植面积，以促进粮食、蔬菜和肉类的供应。当然，谁也不能指望这种临时抱佛脚立竿见影，让南方摆脱食品供应的危机。况且还有种植园主为了经济利益，毫不理会邦联的这些政策，依然把种植棉花放在首位，毕竟棉花才是南方与海外贸易的硬通货。想要从英国、法国控制下的西印度群岛弄到各种紧俏的物资，南方的种植园除了棉花和烟草，还真没什么可以拿得出手的商品用来交易。再加上南方诸州主要的粮食和肉类产区靠近北方诸州，战争开始不久就落到了联邦军队手中。北军的步步紧逼和大肆破坏使得南部邦联的控制区域不断缩水，只能依靠越来越小的地盘维持叛军的吃喝拉撒，物资供应自然是一年不如一年。

虽然南方的海岸线曲折、岛屿港湾众多，和平时期海外贸易非常繁荣，许多心存侥幸的人还打算通过走私维持以往的生活。但战争就是战争，林肯总统的海上封锁令让那些没有亲临战场的人们也见识到了战争的滋味。战争爆发的第一年，联邦

◎ *温菲尔德·斯科特将军是一位脾气不大好的“老家伙”，但他封锁南方叛乱地区的“水蟒计划”对联邦政府最终赢得内战胜利功不可没。*

海军执行从海上封锁南方的“水蟒计划”。不过，这支仓促应战、缺人少船的海军一开始并没给南方猖獗的走私活动造成太大压力。海军部长吉迪恩·威尔斯扩充舰队规模，征召代理军官和其他海员填补空缺后，联邦海军的船只和人手才开始充裕起来，南方走私贩的好日子也就到头了。海上的封锁日益严密，南方一些重要的港口也逐渐被联邦军队控制，用棉花、烟草换取物资的走私活动风险越来越大。为了躲避联邦海军战舰的围追堵截，走私贩子只能用那些行动灵活、吨位小的快速帆船或从英国进口的小型蒸汽船偷运物资，这样，即便是走私失败了，损失也会让船主和岸上的投资者们心里好受一些。但每次能安全运回来的物资也是杯水车薪。走私船的外面都涂有与周围环境颜色相似的伪装色，烧煤的蒸汽船大多采用无烟煤以减少被联邦海军封锁舰发现的机会。然而，走私船依然避免不了被捕获的命运。1862年，每8艘走私船当中有1艘被捕获；到了1865年，每2艘走私船中就有1艘被抓。整个战争期间，南方一共损失了1500多艘商船。随着联邦海军的实力越来越强，北大西洋、南大西洋、东墨西哥湾、西墨西哥湾四支封锁舰队不再满足于同那些小巧灵活的南方走私船玩猫和老鼠的游戏，也开始对岸上的目标下手了——毕竟岸上的目标没办法装上风帆四处乱窜，袭击起来更容易些。时不时上岸打砸抢烧的水兵们让那些打算靠海吃海的南方佬苦不堪言，不管是煮海制盐的还是下网捕鱼的，都少不了被北方佬来个“三光”。

◎ 在斯科特将军的水蟒计划里，南方的沿海地区处于蟒蛇的腹部，佛罗里达半岛才是封锁的重点。

总之，南方的农产品出口和战争物资进口形势每况愈下，1862 年的冬季显得特别漫长。在这个寒冷的冬季里，罗伯特·李将军及其北弗吉尼亚军团的口粮供应看起来让人心寒。士兵们每天只有 4 盎司咸肉、8 盎司粗玉米粉，偶尔会多给一把大米或者黑豆。林奇堡是南方叛军在弗吉尼亚重要的物资供应地和交通运输枢纽，1863 年秋，每桶面粉的价钱是 30~40 美元（邦联政府自己印发的“灰背”纸币），到 12 月底就翻了一番。更让人震惊的是，1864 年开春时，每桶的价格居然飙升到了 275 美元！在前线的邦联士兵们的日子不好过，在后方的居民们日子也同样难熬。1863 年春，战争已开始进入了第三个年头，由于联邦海军对南方海岸线的封锁日益严密，叛乱地区尤其是居住在城里的人们生活越发艰难。他们毕竟不像乡下那些拥有大片种植园的奴隶主和有少量耕地的贫穷白人能自给自足，一切吃喝穿用都要在市面上购买。邦联政府为了应付战争巨大的开支不得不滥发纸币，造成通货膨胀不断加剧，使得人们手里那点儿可怜巴巴的薪水不断贬值。按当时流传的一种说法，出门去集市必须拿着装满篮子的钞票才行，可买回来的东西钱包就能装下。食品短缺、物价飞涨，面粉和培根等主食的价格比 1861 年高了几乎十倍！要养活一个标准的四口之家（夫妻二人和两个孩子）一个星期的开销，在 1860 年只需要 6.55 美元，到 1863 年得 68 美元才能勉强维持一家四口不饿死。饥饿的人们对生活必需品高昂的价格再也无法忍受了。

1863 年 3 月 27 日，南方邦联的总统杰斐逊·戴维斯犯了一个不可原谅的错误——公开要求人们禁食祷告！对那些正忍饥挨饿的人们来说，这种话无疑是火上浇油，连那些邦联政府的行政人员都觉得，号召饥寒交迫的人们绝食祷告实在是不可理喻。邦联战争部的一名办事员就在自己日记中这样写道："在饥荒中禁食祷告？！愿上帝拯救这个人吧！"

当时，里士满的人口已超过十万，房租和生活必需品价格居高不下，工人们微薄的工资怎么也赶不上飞速上涨的物价。一些贪婪的商人也抓住机会囤积居奇、哄抬物价，毫不怜悯缺吃少穿的居民。里士满的居民发现，修鞋的费用一天之内都能上涨 1.5 倍。在刚刚过去的冬天，里士满遭遇了可怕的严寒。这个原本习惯了温和天气的内陆城市经历了二十多场猛烈的暴风雪，一英尺以上的积雪屡屡出现，食品和燃料的运输变得异常困难。城里的公共秩序已经失控，入室盗窃和抢劫等犯罪行为猖獗，到处都是三五成群的歹徒在搜寻可以下手的"猎物"。春天来临后，里士满面临的窘境也没有好转的迹象，融化的积雪使道路成了烂泥潭，居民们望眼欲穿的物资也依然难以运到这里。

4 月 2 日，位于弗吉尼亚的南方邦联首都里士满发生了大规模的面包骚乱。上午 9 点左右，一些在邦联兵工厂干活儿的女工和特里迪加钢铁厂的工人家属们来到

◎ *南方邦联总统杰斐逊·戴维斯，对里士满面包骚乱事件，他负有不可推卸的责任。*

了位于里士满的州议会大厦。她们聚集在议会大厦附近广场上的乔治·华盛顿总统纪念碑周围，向弗吉尼亚州的州长约翰·莱彻请愿，抗议日益高昂的食物价格和商人们囤积居奇、哄抬物价的行为，希望州长能改善一下她们凄惨的处境。一些绝望中的妇女还提前预备好了在工厂干活用的锤子和斧头等工具，如果官老爷再对她们的处境视而不见，“血或者面包”就不再只是一句随便说说的口号。然而，州长却安排自己的行政助理出来跟这些可怜的妇女说：“州长大人正忙着呢，不希望被打扰。”这无疑让这些在寒风中站了许久的人们凉透了。愤怒的人群冲进议会大厦求个说法，闻讯从办公室出来的州长大人对妇女的轻蔑态度激怒了在场的所有人。她们的情绪再也无法保持稳定。从议会大厦出来后，他们直接涌向里士满的市区，闯进杂货店，用斧头砸柜子，抢夺食品和衣物，随后，越来越多的人加入了骚乱者的队伍。

除了邦联政府规定能免除兵役的人，城市里大多数体格健全的男人都被拉上了战场。因此，这场骚乱的主力是家庭妇女，她们的丈夫或者儿子在战场，有的已经再也没法回来了。失去了家庭主要劳力的生活异常艰辛，她们受够了这种缺吃少穿的日子。愤怒的妇女们挥着瘦骨嶙峋的胳膊呼喊着“要么面包，要么流血”的口号，手执棍棒、斧头、锤子、刀子甚至刺刀寻找街上的目标。袭击蔓延到邦联政府的仓库和所有店铺。饥饿者首要目标是食品，其次是服装和鞋子。杂货铺的老板们只能眼睁睁看着蜂拥而来的人群抢走面包、面粉、培根、火腿、服装和鞋子，一些卖珠宝和其他奢侈品的店铺也毫无疑问被愤怒的人们洗劫一空。不过，也有胆大凶悍的店主拿着武器守在自己的店铺门前驱赶围拢过来的妇女们。

邦联政府总统杰斐逊·戴维斯出来劝妇女们赶快离开，并掏出口袋里的零钱分给人们，但没有多大效果。他威胁要召唤里士满城防营的士兵开炮镇压时，妇女们才慢慢散去。骚乱持续两个钟头后，街上就恢复了平静。骚乱过后，有六七十人被抓了起来，但大部分人很快就被释放，因为基本上没人肯站出来指证她们。更重要的原因是，里士满的监狱早就人满为患了，

◎ 里士满面包骚乱的主力是那些饥饿的妇女，但邦联政府却污蔑她们是妓女和北方间谍。

根本没法儿再供给这些人口粮！虽然骚乱持续的时间不长，也没有造成人员伤亡，但对南方的邦联政府却造成了极大影响。邦联政府很清楚，这种丢人现眼的事情传到前线会严重影响士兵的士气。但坏消息总是传得特别快，不到一个星期，里士满发生“面包暴乱”的消息就成了北方《纽约时报》4月8日的头版新闻。邦联战争部长詹姆斯·塞登力图封锁消息的努力失败了。

里士满的骚乱并不是孤立的事件，俄亥俄州首府哥伦布市、佐治亚州首府亚特兰大、缅因州首府奥古斯塔及佐治亚州梅肯市，1863年春也发生了类似的暴乱。为了减少舆论的影响，里士满当局把这些妇女说成是“受北方佬挑唆的叛徒、间谍、卖国贼、职业窃贼、娼妇，爱尔兰和扬基巫婆，该挂在绞刑架上的傻鸟……”总之一大堆恶毒的词汇，不过，老百姓都很清楚她们为什么会走上街头。前方正苦苦支撑的士兵得知后方的亲人正在挨饿，士气变得非常低落，见识过北方佬吃喝不愁甚至糟蹋粮食的行为后，这种凄惨的对比实在让人沮丧。一些忍无可忍的南方人甚至鼓动士兵投奔北方：“既然你们能在那边过上好日子，何必死守在缺衣少食的南方邦联？”

开小差当逃兵的人越来越多，在饥饿的威胁下，任何威逼利诱都丝毫没有办法阻止他们拖枪逃亡。罗伯特·李将军就承认：“吃不饱饭及欠薪……比其他方式更能引起部队的不满。”因为缺乏口粮，他不止一次被迫放弃计划好的军事行动，有些战役也因担心口粮难以为继而不敢坚持下去。既然邦联政府无法满足士兵吃饱饭的需要，罗伯特·李为了给部下弄吃的，只好铤而走险时不时跑到北方佬的地盘上抢掠。这些为了吃穿而去战斗的邦联士兵，很多倒下时依旧赤着双脚、衣衫褴褛，干粮袋子里空空如也。南方邦联穷途末路、濒临崩溃的前夕，军队里缺粮的情况尤其悲惨。罗伯特·李将军在1865年1月11日发的一份电报里承认，军队里的口粮储备已不够维持两天，士兵们只能有什么吃什么，勉强不饿死。整个内战期间，自己已缺吃少穿，还要担心家人会不会饿肚子，成为南方邦联士兵挥之不去的噩梦。

◎ *罗伯特·李将军虽然尽职尽责，但粮草不济始终困扰着他。*

没完没了的硬饼干和让人欣喜的热面包

从前面可知，战争期间联邦军队的食品供应可以说是相当丰盛，北方要比南方优越得多。但是说起口感、味道和营养，没人敢抱多大期望。大家都很清楚，联邦军队每天的口粮确实足够让人填饱肚子，但仅供充饥的口粮无论如何也做不出家常菜的味道。对那些参军之前没有任何下厨经历的汉子们来说，拙劣的烹饪方法足够把任何口粮变得难以下咽。既要保证口粮有足够的热量和营养，具有一定的口感和味道，又要满足长期贮存的需求，这对拥有世界尖端科技水平的现代美军来说，依然是个颇费脑筋的难题，在食品保鲜技术还不发达的19世纪就不可想象了。

总之，在一百多年前的美国南北战争时期，当个大头兵可是件要命的苦差事，不光要在战场上和敌人干仗，每天还得和难吃的口粮较劲儿。难吃的口粮中，首当其冲的自然是硬面包（hardbread）了。

硬面包，或者硬饼干（hardtack），是战争双方都离不开的主要食物。这是一种大约3英寸见方、0.5英寸厚的烤饼干，大小和现在切好的吐司面包差不多，以面粉、水和盐为原料烤制而成。当然，很多时候面包师在制作硬饼干时索性连盐都不放，因为加了盐的硬饼干容易变潮，不利于长期储存。另外，大家都很清楚士兵们经常啃的腌猪肉和腌牛肉有多咸。既然根本不会有人计较硬饼干到底有没有放盐，精明的生意人就乐得减少一些开支。

硬饼干没多少水分，储存得当的话可以保存相当长时间，所以自独立战争以来一直是美国军队的传统口粮。更早以前的大英帝国士兵也是啃着硬饼干四处征战，挣下了“日不落帝国”的家业。这种烘烤没发酵的死面饼子的悠久历史甚至可以追溯到史前时期。不光是军队里的大头兵，普通老百姓对硬饼干也并不陌生。当年，来自欧洲的移民怀着梦想踏上美洲大陆后，用面粉、盐和水为原料烤制的硬饼干与装在大木桶里的咸

◎ 士兵们手中的硬饼干看起来个头不小，跟现在常见的吐司面包片大小相当，餐具也很简单。

◎ *一块南北战争时期的硬饼干，保存到现在卖相依然不错。*

猪肉、咸牛肉就陪伴他们四处开疆拓土。此外，硬饼干也是远航时必不可少的储备品。内战时，许多士兵常觉得自己啃的硬饼干一定在十几年前墨西哥战争时就堆在仓库里了。这并不奇怪，因为在干燥的条件下，硬饼干的货架寿命长得离谱。1898年美西战争时，一些倒霉的大兵还不得不啃内战时生产的硬饼干呢！现在，美国的一些博物馆里还躺着不少150多年的硬饼干。如果单看外观，没人能看出它们的生产日期。

硬饼干含有的蛋白质和热量都挺高，对经常从事高强度体力劳动的士兵来说，营养并不差，生产和加工方式也非常简单，小面包作坊、大型食品公司都能生产。可以说，正是硬饼干养活了南北战争中的所有士兵。可双方士兵都对硬饼干咬牙切齿、深恶痛绝，唯一会感谢它的也许只有诊所里的牙医。士兵们的抱怨是可以理解的，与疏松可口的现代饼干不同，硬饼干没有经过发酵，最多烘烤四次后就会完全脱水，硬得像燧发枪上的火石。面包或者饼干这样温馨的词根本不应该是它的名字。“狗饼干”、“铁皮饼干”、“臼齿破碎机”、“牙锉子”、“蠕虫城堡”、“象鼻虫饲料”、“弹药储备”、“面粉瓷砖”、“干木乃伊”等名字充分体现了士兵们对它的不满。当然，硬饼干也得到过一些好听的名字：“天使蛋糕”、“林肯馅饼”。其实，大家都心知肚明，这样的叫法同样是不怀好意。

刚刚烤好的硬饼干吃起来没什么特别的味道，还称不上是让人望而生畏。等到这些净重50磅的硬饼干离开烤炉，装进长26英寸、宽17英寸、高11英寸的木箱运到仓库，辗转几个星期甚至几个月送到士兵手里时，就硬得让人胆战心惊了。1862年9月成立的纽约州第154志愿步兵团为了博个好彩头，给自己命名为“硬饼干团”，寓意就是本团像硬饼干那样坚不可摧。这个名号如此恶毒，以至于任何与他们交战的敌人都会下意识为自己的牙口考虑一下。显然，那些主张采用“硬饼干团”这一称号的军人对硬饼干的厉害深有体会！

没有啃过硬饼干的人对于这种名为“饼干”的东西到底有多难啃实在是缺少真实的体验。来听听一个在军队里流行很广的故事吧！一天，连里的一位军士突然向自己的弟兄们大发感慨：“我今天早餐时吃了一块硬饼干，在里面咬到了一点儿软乎乎的东西，你们猜猜那是什么？”对于军士的遭遇，其他的士兵们都觉得这一切太寻常不过了：“还能是什么？不就是蠕虫嘛！”军士总算揭开谜底了：“不！这回你们可弄错了，我的上帝啊！那居然是钉子！那可是能值十个美分的钉子！”

从1861年开始，军队里就有一首脍炙人口的歌曲：

让我们放下手里的扑克牌，拿起自己的铁皮杯，

我们都站在厨子的帐篷门前，

干硬得像木乃伊的硬饼干就递到了每个人的手里。

啊，硬饼干不要再来了！

饥饿的叹息就是这首歌，硬饼干、硬饼干不要再来了！

你让我们的胃疼了好多天！

噢，硬饼干、硬饼干不要再来了……

至于那些在军营里啃过硬饼干、又能幸运活着回到家乡的家伙，日子也不会太好过。身为战场上的幸存者，他们有资格吹嘘自己是个天不怕地不怕的硬汉，不过当他们因饱受硬饼干折磨的牙齿逼得坐到牙医椅子上时，牙医的狞笑才让他们知道什么叫魂不附体！

饼干箱在漫长的运输过程中免不了被风吹雨淋，再加上那些得到军队供货合同的食品厂和面包房都是偷工减料的行家里手，为了省功夫把饼干只烤一面，或者没等硬饼干凉透就包好装箱，导致返潮发霉的事司空见惯。士兵们有权拒绝接受发霉的硬饼干，不过对于表面上没有发霉变质、却已经有象鼻虫出没的硬饼干，他们只能捏着鼻子吃了。这也算军营的潜规则吧。要想把硬饼干里面的象鼻虫赶出得费点儿力气，也得费点儿脑筋。一般得先把硬饼干放在热咖啡里浸泡，等里面的虫子浮出来用勺子撇出去。此外，也可以把硬饼干放在平底煎锅上，用火加热把象鼻虫赶走。一些士兵干脆天黑了再吃，眼不见为净。直接用牙齿来对付硬饼干是非常不明智的举动，按照士兵们的说法“用骡蹄子对付硬饼干的话太大了，用子弹对付硬饼干又嫌太小了”，枪托和石头才是最合适的工具。士兵们往往都是先把硬饼干砸碎泡进咖啡里吃，或者用水把硬饼干泡软了再用腌肉或者培根里的油来煎。值得庆幸的是，士兵们也不是天天都啃硬饼干。离城较近或者长期在某地驻扎时，他们就有机会从自建的烤面包炉或附近的面包房弄到新鲜面包。散发着香味、热气腾腾的烤面包可以提升士气，也会让饥肠辘辘的敌人沮丧。“彼得斯堡战役”就是最好的例证。

彼得斯堡是南方邦联位于弗吉尼亚州东南部的重要城市，它不仅是南方重要的铁路、公路交通枢纽和烟草集散地，也是邦联首都里士满的最后一道屏障。联邦军队从1864年6月开始围攻这里，由于指挥彼得斯堡守军的李将军及其部下顽强抵抗，联邦军队也多次在进攻中指挥不当、行动迟缓，因此一直久攻不下。1865年4月，缺吃少穿、穷途末路的南方守军才被迫弃城而逃。在长达十个月的围困战期间，联邦军队虽然在战场上表现欠佳，拿对面的南方佬无可奈何，但他们却从附近不远处一个小镇的面包房弄到了热乎乎的面包。仅此一项就足够让那些没吃没喝的叛

军泪流满面了，要知道，这些可怜的南方佬在自己的家门口都没办法填饱肚子，不要说热面包，连每天应得的粗玉米粉都不知道何时能发到手里。让联邦军队吃到热面包的小镇名叫锡蒂波因特，位于詹姆斯河与阿波马托克斯河的交汇处，已被联邦军队改造成一处规模空前巨大的军需供应基地。靠着河道宽阔、离入海口也不远的优势，各种物资通过上游的内河航线或从海上源源不断被运到这里，河面上来往的货运帆船桅杆林立，行动敏捷的蒸汽机船也吐着黑烟川流不息。连接码头的铁路运输网络在 7 月初就建成了，码头设施和仓库 7 月底也基本完工，建设速度之快令人瞠目结舌。战争爆发前还破败不堪的小镇码头已经被扩建一新，沿着詹姆斯河南岸向东绵延了半英里多，码头设施占地面积高达 8 英亩，其中还有 2 英亩能为货物储存提供良好的安全保护。岸上负责卸载物资的 3000 多名码头工人更是整日里忙个不停，他们基本都是获得自由的黑人奴隶，根据不同的船型和装载货物的种类，每天能卸载 2~25 艘船的货物。无论什么时候，都有 150~200 艘船停在这里等待卸货，总共有近 400 艘船往来于此地和其他物资集散地。一些北方佬甚至吹嘘这里已经变成了世界上最繁忙的港口。数不尽的大桶面粉、硬饼干、腌牛肉、腌猪肉，弹药、被服、营帐、医药用品、牲口饲料及其他军需物资被源源不断运来，让联邦军队在旷日持久的围困战期间衣食无忧。

抱怨军队里的口粮粗劣、难以下咽几

◎ 说锡蒂伯因特已经成了世界上最繁忙的港口，确实不算夸大其词。

乎成了美军士兵的习惯，但是在彼得斯堡，军需部门可以说比以往任何时候都周到。因为战线比较稳定，不需要东奔西跑，联邦军队可以按额定的口粮标准安排士兵们的一日三餐。一个士兵每天的口粮加在一起重约3磅，锡蒂波因特军需供应基地要为彼得斯堡周围部署的联邦军队储备三十天口粮，就意味着人员仓库里储备的各种口粮的总重量超过1000万磅（将近5000吨）！需要养活的除了两条腿儿的士兵，还有牛、马、驴、骡四条腿的牲口。根据联邦军队的牛马饲料供应规范，牲口每天需要26磅饲料，对牲口的“口粮”储备可以略低一些，但也要求预备好可供二十天消耗的饲料。在彼得斯堡附近为联邦军队幸命的牲口有6.5万多头，也就是说，仓库需要储备将近3400万磅（约1.54万吨）的饲料。除了仓库里的储备品，联邦军队的士兵们还定期有鲜肉供应。为此，锡蒂波因特的军需部门要按照两周的需要量提前准备，大约2500头牛被安排在适合牛群放牧的地方由专职人员照管。除此之外，还有差不多同样数量的一群牛在詹姆斯河对岸恭候差遣。除了鲜嫩的牛肉，提升士气的一大法宝当然是新鲜面包，这里的面包生产部门日夜忙碌，20个大型烤面包炉每天都能生产1.1万多块面包。为了身处前线的士兵及时吃到新鲜的烤面包，当然不能在路上耽搁太多时间，后勤部门因此专门铺设了一条20英里长的军用铁路，以便风雨无阻运输各种补给品。到了1864年秋天，每天都会有18列火车从锡蒂波因特开往前线仓库。运来的补给品中最让人期待的当然是烤好的面包，发到士兵手里时还经常是热乎乎的。这里的联邦士兵颇为自得地吃着面包、唱着歌，用怜悯的眼光看着对面彼得斯堡里掘壕固守因缺乏粮草而饥肠辘辘的敌人。这些倔强的南方佬一

◎ 吃不饱肚子就打不了仗，因此联邦军队给士兵们准备了足够的面包。

天天变得衰弱，直到饿得没办法再继续坚持下去。

除了热乎乎的面包，在医院里的伤兵还能吃到美味的姜饼。欧美人对姜饼的热爱由来已久，可以追溯到欧洲的中世纪甚至更为久远的古罗马帝国时期。作为一种具有辛辣味道的香料，姜被认为可以养胃暖身，有益身心健康。直到现在，姜饼还是美国人圣诞节和其他节庆时必不可少的美食。典型的姜饼里面少不了面粉、姜粉、糖蜜和发酵粉（通常是小苏打），如果伙食费用比较宽裕的话，还可以加上红糖、鸡蛋和软化过的黄油。手头没有姜的话，也可以拿肉桂来代替。肉桂也是既辛辣又气味独特的香料，因此做出来的姜饼别有一番风味。烤出来的姜饼香气四溢、疏松可口，胃不大舒服的时候来上一块儿能让人觉得肚子里暖洋洋的，很舒服，那一点点辣味还能刺激食欲。当时的人们认为姜饼营养丰富、容易消化，是一种非常适合病人的食品，因此南北战争时期，姜饼被称为“医院姜面包”，是最受欢迎的一种食物。那些在医院里白天忙得不可开交的护士和志愿者经常为了给病人烘烤姜饼，半夜还在忙碌。当然，这工作是有额外补贴的。

◎ **南北战争时的姜饼，外观朴实无华，是医院里病人的最爱。**

南方邦联的硬饼干既有用玉米粉做的，也有从联邦政府仓库里搜掠来的。用玉米粉做的硬饼干虽然不如面粉做的耐储存，口感却好些。这种仅供充饥的东西里面当然不会有牛奶、奶油和糖，捉襟见肘的南方后勤部门也不会干这么奢侈的事，所以不用指望这样的饼干蓬松味美，富有家一般温馨的味道。大多数时候，苦命的南方佬连像样的硬饼干也没有，都是拿着发到手里的粗玉米粉自己搞定，在口粮不济的窘迫日子里甚至要靠煮花生和烤玉米来活命。

鲜肉和腌肉

肉，特别是新鲜的肉始终是士兵们梦寐以求的东西。当时，北方市场上肉类的供应至少还是充足的，猪肉和牛肉都不缺。为了保证鲜肉的供应，牛群理论上应该随部队行动，不过，道路泥泞、运输困难总是军需部门的借口。由于需长途跋涉，加上缺乏饲料，偶尔能活着运到前线的肉牛往往被折腾得瘦骨嶙峋、奄奄一息，成了士兵们所说的“活着的牛肉干”。屠宰、分割并发放牛肉也是个非常麻烦的工作。虽然那时芝加哥等一些大城市已经有了储存冻肉的冷库，但部队还没有这些高科技设施，分割后的牛肉无法保鲜，必须尽快发放，否则耽搁的时间久了，牛肉分到士兵手里时就不叫鲜牛肉了。再加上士兵们拿到手的牛肉质量参差不齐，为此吹胡子瞪眼睛的事情也让人很头疼。军需部门为了给自己省点力气，非常乐意让装在木桶里的腌肉或培根跟大家做伴，这可比雇佣一大帮牛仔赶着牛群长途跋涉省事儿多了。

装满腌肉的大橡木桶毛重 340 磅，除去盐水，里面应该有净重 200 磅的腌猪肉或腌牛肉。和腌牛肉比起来，士兵们还是更喜欢吃腌猪肉——腌牛肉实在是咸得要命，在流水里泡上一夜才能勉强入口。另外，牛肉的纤维也比猪肉粗，如果腌透了就会变得比红木还硬，哪怕是扔进汤锅里把木柴都耗光了还照样嚼不动。军情紧急没有闲工夫埋锅造饭时，生的腌猪肉也可以切一块就着硬饼干一起吃，连准备餐具和饭后清洗餐具的时间都省了。货真价实的腌猪肉其实不算惹人厌，自己埋锅做饭时，带点儿肥膘的腌猪肉简直是个不可或缺的好帮手！只要在平底锅上擦一擦，烹饪需要的油和盐就都齐了！不过，大多数时候，士兵们在木桶里见到的都不是什么好货，以次充好的情况十分普遍。这些在橡木桶里散发着怪味儿的东西实际上都是些脖子、胫骨、脂肪、肚皮之类猪身上最

◎ 尽管腌猪肉卖相糟糕，却是当时军队的必备之物。

糟糕的部分。一些士兵甚至发誓说这些木桶里面都是些“毛发、污物和垃圾”，没一点儿猪身上可爱的部分！

一般来说，装培根的木桶毛重 350 磅，里面的培根净重 290 磅。考虑到培根需要把猪肉腌制后还得风干或熏制，加工周期长，军需部门便觉得让士兵多跟腌肉打交道的好。商人应该也是这么想的，毕竟培根加工起来确实麻烦。另外，培根一般需要猪肋条或背脊上的肉，不大容易拿猪身上其他乱七八糟的部位来凑数儿；腌肉却可以堂而皇之地把猪身上的零件扔进充满盐水的木桶里，等到封好的木桶经过四轮马车、火车乃至货船的折腾，运到军营时也差不多腌好了。

望着联邦政府发下来的这些“盐垃圾”、“母猪肚皮”，士兵们的感情非常复杂。一方面，这些粗制滥造的东西实在让人倒胃；另一方面，它们又能提供足够的盐和动物蛋白，腌肉和培根里的油脂也是每天烹煮食物必不可少的材料。储存不

当造成腌肉腐臭变质的情况时有发生，除了引发一些倒霉蛋腹泻、给医疗部门添乱之外，更让士兵们对鲜肉的渴望无法遏制。为了弄点儿鲜肉，白天不仅有军官安排的“征粮队”四处搜刮，深更半夜士兵私下出去“觅食”已成了惯例，军官们对此也是睁一只眼闭一只眼。驻地附近种植园里的牲口是第一目标，从那里弄到的猪牛羊会连夜被大卸八块，分割得一点儿都不剩，士兵们也会识趣地给军官留着上好的一份儿。军官们都是体面人，当然不屑于和这帮馋鬼半夜跑出去干这种有失身份的勾当。不过，对第二天早晨挂在自己帐篷门口的那块儿肉，他们会毫不客气地笑纳，这也是军队里的惯例。

除了夜里私自出去打野食，南北战争时期，北方军队就地大规模征用老百姓的粮食、牲口和物资同样是家常便饭。就地取得给养，毁掉敌人赖以维持军队的战争资源也是北方诸位将军的共识。格兰特将军就曾表示，大兵们不分青红皂白抢劫百姓的行径当然是应受到军官善意的“劝阻”，不过，如果是在经过授权的军官带领下给主人开个收条，这一切就变得合情合理了。当然，格兰特也非常通情达理：某些情况下是不用开收条的。那些被认为是叛乱分子的种植园主，往往会被大家开开心心地抢个痛快、烧个干净。在这帮拿着枪的家伙面前，再怎么想保护自己财产的硬汉都得学会夹着尾巴做人。联邦军队出于打击敌人战争潜力的考虑，每每进入南军的地盘就大肆破坏，毫无顾忌。为了不给敌人留下可供利用的资源，特别是吃的东西，北军非常喜欢来个三光：能吃的吃光，能带走的抢光，带不走的烧光。按照谢里登将军的说法，就是“从这个地区上空路过的乌鸦也得自带干粮”。谢里登还曾得意地向格兰特将军夸耀自己的辉煌成就：“我烧死了两千多头家畜，屠宰并向部队发放了不少于三千头羊……”南方若干畜牧区的牲口就这么给折腾得所剩无几，当时，路上经常能看到各种牲口尸体无人掩埋，臭不可闻——因为北军在三光之后，顺手牵羊把铁锹之类的工具也给抢跑了。北军干起这些勾当都是驾轻就熟，加上后勤也够卖力，因此就算遇到各种困难，大部分时间也比南军吃得好，肉制品更是不缺。

内战爆发后，以畜牧业发达、盛

◎ *尤利西斯·格兰特将军爱好威士忌的名声在外，不过这并不妨碍他为联邦政府立下赫赫战功。*

◎ 谢里登将军是联邦军队一位优秀的指挥官，在破坏南方拥有的战争资源方面毫不手软。

产长角牛著称的德克萨斯州选择了站在南方邦联一边。根据联邦政府保守统计，当时的德克萨斯州至少有350万头牛。但这看似丰富的资源对南方其他地区来说是可望而不可即的。为了能用德克萨斯遍地的牛羊解决南方地区肉制品供应困难的问题，邦联政府开出了"缴纳牲口免服兵役"的条件：只要能上交500头牛或者250匹马就不用当兵了，没有牛和马的话，用同样数量的羊或骡子代替也行！为了能从这里弄到更多的牲口，邦联政府还同一些牧场的主人签订合同，表示愿意以每头40美元（"灰背纸币"）的价格向他们购买尽可能多的牛。

1861年夏天，有人能成功地从德克萨斯在墨西哥湾沿岸的港口出发，用蒸汽船把牛群运送到路易斯安那州最大的港口城市新奥尔良。然而很快，企图通过新奥尔良向南方其他地区运输牛群的努力就失败了。那一年秋天，联邦海军的西墨西哥湾封锁舰队把当地走私船主们撵得鸡飞狗跳。那么陆上通道呢？赶着牛群长途跋涉、运到密西西比河以东地区本来就是一项非常艰难的工作。由于路途遥远，牛群在路上经常走散，损失很大，还要时常面对印第安人的骚扰和沿途其他地区农牧民的阻拦。一群长角牛从德克萨斯运到东部地区，需要耗费几个月的时间，漫长的旅程对赶牛人和性情暴躁且易受惊的长角牛来说，都充满变数。再加上老天不作美，1861年夏到1863年，德克萨斯州遭遇了严重的干旱，许多牧区的牛大量死亡，即使那些躲过连年干旱的牛群，也不一定能熬得过1863年的罕见严寒。据统计，1860年有超过10万头长角牛被运出德克萨斯，内战开始后，这一数字很快就急转直下。战争爆发的头两年，还能时常见到大群长角牛被赶往南方其他地区，但随着联邦军队的不断进攻，南方邦联逐渐失去了对密西西比河的控制，德克萨斯的牛群能顺利运到东部地区的机会越来越少。原本南军士兵的每日肉类供应标准就比北方低4盎司，随着战火在南方蔓延，标准又降低了。1862年夏，南方邦联主要的粮食和生猪供应地田纳西州基本被联邦军队控制。到1863年春天青黄不接时，邦联军队的肉类供给出现危机，罗伯特·李将军的士兵每天每人的腌肉供应更是降到了4盎司！饥饿的士兵们对此是满腹牢骚，在跟北军打招呼时也不忘给李将军扣上一顶"饥饿将军"的帽子：

“嗨！约翰尼，谁是你们那里的头儿啊？”

“嗨！扬基佬，我们这儿是饥饿将军当家……”

1863年7月维克斯堡战役结束后，联邦军队控制了整个密西西比河，切断了叛乱地区与西南部的联系，邦联再也无法从畜牧业发达的德克萨斯州得到牛肉供应了。那些和平时期对来自德克萨斯的长角牛挑三拣四、抱怨肉质又粗又老做牛排不够嫩的家伙，到了此时也只能流口水。于是，佛罗里达成了邦联唯一能弄到牛肉的地方，在其他地区过活的人则只能自谋办法。为了弄到肉吃，南军里许多出身农家的士兵毫不犹豫地把能逮到的一切活物都下了锅：水里的鱼，林子里的鸟、野鹿、野羊、西猯（北美常见的一种小型野猪）、野狗、狐狸、狼、野猪、野火鸡、野兔、浣熊、松鼠、花栗鼠、负鼠、青蛙、蛇……当时，饿急了的南军连拉车的马和骡子也不放过，一点儿也不像现在的美国人这么挑嘴。时至今日，在美国南方那些喜欢玩战争重演的人们餐桌上，松鼠依旧是一道名菜，供那些垂涎已久的人大嚼一通。

单靠打猎是无法满足军队里这么多张等着吃饭的嘴的，缺吃少穿的南军也没少为了吃喝冲到北方佬的地盘上大肆搜刮，双方打劫的功夫倒是半斤八两。有时为了抢肉吃，饿红眼的邦联军队干脆组织人马去打劫那些在他们想象中一定“吃得满嘴流油”的北方佬。

1864年8月，联邦军队围攻南方的重要铁路枢纽彼得斯堡，困守在这里的北弗

◎ 浣熊这种贼眉鼠眼的小动物虽然会卖萌，但前些年在美国就是被打死做帽子的命，当然，饿的时候下锅也可以。

吉尼亚军团司令罗伯特·李将军及其守军面临着饥饿的威胁，连粗玉米面都快供应不上了。9月5日，正当上上下下为了吃的犯愁时，邦联少将汉普顿手下一个叫乔治的探子带来了让人嫉妒的消息：在距离格兰特将军总部5英里外的一个种植园，有3000头为联邦军队准备的肉牛，只有120名士兵和30名雇来的平民看管。收到情报的汉普顿少将马上报告罗伯特·李将军，面对这些让人垂涎三尺的牛，罗伯特·李也坐不住了，马上指示汉普顿少将大胆地放手上门打劫。他还特意叮嘱汉普顿："你的主要目标是牛……如果可能的话，尽量避免战斗。"于是，汉普顿少将组织了大约3000名骑兵，其中就包括一些有名的"德克萨斯偷牛贼"。这帮重操旧业的家伙干起老本行来确实老道——为了圆满完成这票难得的大买卖，他们甚至特意从驻地附近搜罗了不少猎犬和牧羊犬来帮忙。

◎ 韦德·汉普顿将军，也许是历史上最著名的偷牛贼吧。

9月14日，这伙胆大包天的偷牛贼开始出发，出其不意地深入联邦后方，直扑被联邦军队控制的埃德蒙·拉芬种植园。猝不及防的联邦军队根本没料到南方佬会奔着牛群来战斗，还没组织起有效的反击就被打了个落花流水，本来给自家厨房预备的牛被抢了个一干二净，储备在此的其他物资也被来了个一锅端。对嗷嗷待哺的南方邦联军队来说，这一票简直干得太漂亮了：不仅弄到了大量肉牛，还缴获了200支亨利十六响连发枪！出来打劫的偷牛贼们带着收拢起来的2468头牛、11辆大车的战利品及被抓来的304名俘虏胜利转进，于17日得意扬扬地回营。由于缺乏饲料，无法长期饲养，抢来的这些牲口很快就被屠宰殆尽，让大家吃了个痛快。从这些牛身上，邦联军队总共弄到了差不多200万磅牛肉，艰苦惯了的邦联士兵靠着这些牛肉总算是过了些快活日子，甚至还有些牛肉被士兵们拿来私下和敌人做交易，换些自己弄不到的奢侈品，比方咖啡什么的。这下子，出来站岗放哨的联邦士兵就不得不面对南方佬殷勤的骚扰了："你好啊，扬基佬！想要点儿新鲜牛肉吗？"不过，这种美好的时光并没有维持多久，穷途末路的南军只过了半年多时间就再也支撑不下去了。

1865年4月9日，率领残兵败将从彼得斯堡突围出来的罗伯特·李将军被迫在阿波马托克斯镇向联邦军队投降。此时，他剩余的2.8万多名士兵极度缺乏食物，

◎ 南方叛军从北军那里抢牛的买卖可谓精彩绝伦，但这依然挽救不了终将失败的命运。

只能靠啃点儿烤玉米活命。与前来接受投降的格兰特将军谈妥投降协议之后，李将军就不得不恳请胜利者善待自己饥寒交迫的部下。听说刚刚投降的敌军已经断粮，格兰特将军马上慷慨地答应提供2.5万份口粮，这让李将军非常感激。作为胜利方，格兰特将军对战场上的失败者非常宽容，不仅允许军官留下自己的佩刀、个人武器和行李物品，允许士兵带走属于自己的马匹和骡子，免得耽误他们回家下地干农活，还给那些被释放的南方士兵发放了五天的口粮，好让他们在回家的路上不至于挨饿。

真真假假的咖啡

除了维持生命所必须的粮食和肉类，对南北战争中的士兵来说，咖啡是最受欢迎的东西了，无异于上帝的恩赐。在漫长的行军、激烈的战斗后，马口铁杯子里热腾腾的咖啡会让身心疲惫的士兵重新真切地感受到幸运——至少自己还活着。不止一个士兵曾感叹，不论是经历了多久的夜间行军，只要能有水煮咖啡，自己就能很快重新充满生机和活力，仿佛刚从良好的睡眠中醒过来一样。

作为军队的定量配给，咖啡出现在美军中的历史并不长。1775年美国独立战争爆发后不久，大陆军（美军前身）的定量配给标准规定，每个士兵每天的饮料是1夸脱的云杉啤酒或苹果酒，或是每星期为100人提供9加仑的糖浆。此后半个世纪，云杉啤酒或苹果酒一直是大兵们喜闻乐见

◎ 咸肉、硬饼干和咖啡豆是联邦军队赢得战争的三大法宝。

的饮料，劣质的朗姆酒、黑麦威士忌或白兰地也曾成为军队的配给。为了打发苦闷又危险的日子，酗酒几乎是最好的消遣。军队配给的烈酒喝光了，士兵们就去军营附近的下等酒吧接着喝，那点可怜巴巴的薪水往往都浪费在了狂喝滥饮上。酗酒的士兵简直成了军营一景，视察的官员和政客对此也是无计可施，毕竟给打仗卖命的士兵提供含酒精饮料是欧洲自古以来就有的习惯。

当时，咖啡还远不像现在这么流行，但转机在发生独立战争之后出现了。由于与英国关系紧张，茶叶贸易经常中断，而从法国、荷兰在加勒比海的殖民地进口咖啡却方便得多。为了卖出手里的存货，一些狡猾的商人嚷嚷起“喝咖啡不喝茶就是爱国”的口号后，咖啡的消费量才有所增加。日常生活中，酒是平常人家每日必需品，在美国人的餐桌上，半大孩子都有啤酒喝。直到19世纪二三十年代，美国禁酒运动广泛兴起后，社会对酗酒深恶痛绝，寻找一种替代饮料才变成顺理成章的事，价廉物美的咖啡无疑是最佳替代品。

1832年，当时的美国总统安德鲁·杰克逊总统下令用咖啡和糖代替每日配给中的酒。从此，咖啡开始正式进入军营，逐步改变了士兵们的生活习惯。1837年，美国国会下令停止士兵们每天的威士忌供应。到1838年，每100份口粮中咖啡的供应标准从4磅提高到6磅，糖从8磅增加到12磅。

按照官方的说法，咖啡进入军营，能提神醒脑、让士兵们保持良好的工作效率；能节制酗酒、改善士兵们的健康状况；能提高道德水平、维护部队的光辉形象……其实，各种天花乱坠的说法掩盖不住最最要紧的一个原因：咖啡比酒更便宜！到了需要掏腰包养活军队的时候，国会就会非常斤斤计较，这在美国历史上也算光荣传统。另外，装在麻袋或者木桶里的咖啡不论运输、储存和分发都比酒更方便，在那个年代，这对处处奉行多一事不如少一事的军需部门也是个好消息。

当团里的军需官得到一袋咖啡时，他会分给下面的连队，连里的军士长再把他领到的平均分给连里所有人。士兵们对自己分得的那份口粮总是斤斤计较，尤其是咖啡和糖。大家最认可的一种分配方法是这样的：在地上铺两块毛毯或者橡胶雨披，在一块毛毯上按连里的人数等分咖啡，在另一块毛毯上用同样的方法分配糖，然后士兵们依次过来各拿一堆。为了公平起见，负责分配的军士长往往走到离连队和咖啡远远的地方，然后再从花名册上念出一个个士兵们的名字，让他们出列去雨披那里取走一份。不管军士长怎么品行高尚、公正无私，分配时多么小心翼翼，总会有士兵嚷嚷自己拿到的那份儿比别人的少——在他们眼中，分好的咖啡堆什么时候都是有大有小的，一定有人拿到的比自己的多！在军队服役的那些日子里，如此分配咖啡的场景无数次出现。虽然咖啡在口粮中占的比例非常小，但这种满怀期待的场面却是最能令大家开心的时刻。领到咖啡后，许多士兵都喜欢把咖啡和糖混在一起，这样既方便携带，也免得自己忍不住把糖一口气吃个精光。许多老兵对多年前等待军士长分发咖啡的情景依然记忆犹新。

行军途中，哪怕只有一个钟头的休息时间，都会有士兵四处张罗着煮咖啡，一些老兵甚至有能耐在不到十分钟的时间里煮出一杯热气腾腾的咖啡——这时，附近种植园或住宅的栅栏往往就是最容易到手的柴火。到了晚上宿营时，星星点点煮咖啡的火光，远远望去就跟天上的繁星差不多。哪怕正在行军，附近没有燃料可用，甚至连干净的饮用水也找不到，都抵挡不住士兵们对咖啡的渴望——一些急不可耐的家伙甚至把咖啡塞进嘴里，像马嚼大麦那样咯吱咯吱大嚼一通过把瘾。

军队里发下来的不是绿咖啡豆，就是烘烤过的咖啡豆，因此还需要士兵们自己动手研磨，这时经常拿来对付硬饼干的石头和枪托又派上用场了。有好事的发明家觉得，既然大家都对咖啡乐此不疲，那发明一种能随身携带的咖啡磨应该能赚钱，于是就有一种微型的手摇研磨机被装到了夏普斯步枪的枪托上。这种扛在肩上的咖啡磨不光能磨咖啡豆，对付小麦和更硬一点儿的玉米也毫无压力。勇敢的扬基佬跑到南方人地盘上扫荡时再不用发愁没有面粉了！创意和功能都还不错，可就是价钱——显然不是一个月只有十几美元军饷的大头兵能用得起的，普通的士兵也就只能看看新鲜罢了。

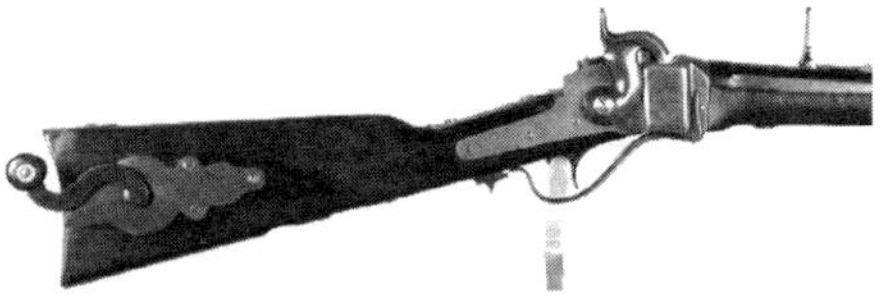

◎ 枪托上装有手摇研磨机的夏普斯卡宾枪

当然，也有一些人看着士兵们喝热咖啡不顺眼，他们觉得，作为大头兵，把大量时间花在烘烤和研磨咖啡上实在算不务正业，不应该容许他们做这些和当兵打仗无关的事。于是，在诸多“有心人”的鼓噪和推动下，1861 年底，一种名为“咖啡精华”的东西出现了。发明者信誓旦旦地说这是咖啡、糖和牛奶浓缩后的产物，只需一汤匙，用热水甚至冷水搅拌后就能让人们品尝到一杯香浓美味的咖啡！按他们的说法，这种新产品的优势是多方面的：供应给相同的部队单位，它占用的空间只有绿咖啡豆和糖的 40%~48%，重量也减少了近一半。1862 年经过国会批准后，“咖啡精华”开始向军队发放，在拿到战争部订单的几家公司中，美国波顿公司即著名的纽约炼乳公司的产品价格最令战争部满意——每加仑只要 2.66 美元！战争部的老爷们觉得自己干了一件天大的好事。不过，在前方卖命的士兵们对听上去这么神奇的东西却毫不领情：这种装在马口铁罐子里黏糊糊的东西看起来和车轴润滑油差不多，味道也一如看上去那么糟糕，更让人无法容忍的是，喝完后经常腹泻——这得感谢那些出售变质牛奶的供应商。不用说，这华而不实的东西很快就从军队

◎ “咖啡精华”的罐子看上去挺不错，不过里面的东西就让人倒胃口了。

里消失了，但它却算是速溶咖啡问世之前一次不成功的尝试。

发战争财的商人在任何年代都不缺，南北战争时期当然也不例外。不过，士兵们对咖啡豆的评价都还不错，因为咖啡豆的外观很好辨认，往里面掺假很容易被发现，哪怕是最吝啬最狡猾的商人对此也会有所顾忌。当然，并不是没有人尝试过，一些富有创意的奸商就用黑麦冒充烤过的咖啡豆掺进袋子里，这两样东西确实有点儿像。更让人哭笑不得的是，还有脑子不大灵光又急着赚钱的家伙直接往咖啡袋里掺沙子和泥土。不过，总的来说，比起别的口粮，联邦军队平时发放的咖啡豆质量还算不错。

咖啡的价格不贵，在内战前的北方，1磅上好的咖啡只需要20美分。但战争开始后，由于联邦军队持续的海上封锁，南方叛乱地区战前库存的那点儿咖啡很快消耗殆尽。冒险走私进来的少量咖啡就成了地地道道的奢侈品，价格也一路飙升，一些人口稠密的地区甚至达到每磅60美元以上！当然，其中也有邦联政府滥发纸币造成通货膨胀的原因。普通邦联士兵每月11美元的饷钱根本就消费不起，就算有钱，也很难买到这种稀罕物，军队能弄到的少量咖啡也被医疗部门控制起来当精神振奋剂了。

对咖啡的渴望折磨着所有人，一些人开始绞尽脑汁寻求咖啡的替代品：菊苣根和黄秋葵种子烤焦之后还算比较靠谱；橡子、黑麦、大麦、豆类、甜菜、麦芽、麦麸、栗子、玉米粉、红薯、豌豆、花生、柿子、大米烤焦了也说得过去；用棉籽、西瓜籽、甘蔗种子、蒲公英根这些东西来冒充咖啡就有点儿脑洞大开了。总的说来，任何能想到的东西都有人尝试着烤焦后煮来当咖啡喝，南方邦联官方的报纸也堂而皇之地公开谈论咖啡代用品的话题，实在有种自欺欺人的感觉。为了弄到点咖啡，一些脑子活络的邦联士兵私下用南方很普遍的烟草去和北方佬做交易，烟草算是邦联士兵手头唯一比较宽裕的东西。只要双方还没上战场拼个你死我活，南军和北军碰面时打个招呼、换点东西，军官们也都睁一只眼闭一只眼。

珍贵的糖

与咖啡拥有同等重要性的军用食品，则是咖啡的伴侣——糖。糖的单位能量密度非常高，可以让疲惫不堪的士兵迅速补充热量、恢复体力，无怪乎时至今日依然是事关国计民生和国家经济安全的重要战略物资。对嗜糖如命的美国人来说，战争时期发到手里的那点儿糖算得上是人见人爱、不可多得的奢侈品。当然，那时很少能见到雪白晶莹的白砂糖，平时人们最常见到的是黄褐色坚硬的粗糖块。这种粗糖一般诞生在圆锥形的容器里，所以是锥形的块状物，外面再用蓝色粗纸、细绳子包捆得结结实实。主妇们会小心地把它收藏在一个既干燥又安全的地方，只有必要时才会一层层打开外面的包装，取出来品尝一下。为了对付这种坚硬的锥形粗糖块儿，当时还有一种专用工具——外形有点儿像扇形钳口的老虎钳。这可是那个时代的厨房必备物，主妇们有了它才可以从容地对付坚硬的糖块，让大家好好享受一下甜蜜的味道。

战争爆发之前，北方需要的食糖有相当一部分来自南方的路易斯安那州。萨姆特堡一声炮响，这一来源自然中断了。战端一开，所有一切都要优先为战争机器服务，不光是人见人爱的糖，市面上各种吃的用的都变得非常紧俏。工农业发达、财大气粗的北方凭借海军的优势地位，一方面封锁南方的港口，一方面从加勒比海地区的西印度群岛英属、法属、荷属、西属殖民地大量进口蔗糖来满足军队和民间的需要，甚至连当时太平洋上的岛国夏威夷也向美国出口了大量蔗糖。

◎ *包扎好的硬锥红糖*

一些移居到夏威夷的华人也趁此机会大办糖寮，从中狠狠地赚了一笔。后来，当上清朝驻夏威夷王国首任领事的广东人陈芳也在此期间发迹，他靠经营甘蔗种植园向美国出口蔗糖获取了丰厚的利润，成为夏威夷王国声名显赫的华人首富。然而，虽然有联邦政府不遗余力地从海外进口蔗糖，北方地区依然闹出了蔗糖短缺的窘境，以至于需要采取其他措施补足供应缺口。比如从北美非常普遍的美洲糖槭树，也就是枫树上面凿洞提取含有大量糖分的枫树汁来熬制糖浆。不过，这些能够产糖浆的枫树一般都集中生长在美国东北部和加拿大的一些地区，只有树龄在三十岁以上的枫树才适合提取树汁，每年的产量并不高。为了保证枫树的正常生产，每棵树每年只能提取出 30~50 升枫树汁，这些枫树汁只够熬一两升枫糖浆，因此价格非常昂贵，每年的总产量对于爱吃甜食的美国人终究是杯水车薪。随着南北双方的战事久拖不决，战争规模不断扩大，食糖的价格也一路走高，从 1861 年到 1864 年，食糖从每磅 5 美分涨到了 22 美分。在威斯康星州和其他一些西北部偏远地区，由于交通运输困难及其他方面的原因，联邦政府鼓励大量种植甜高粱来弥补蔗糖的不足。当然，除了用这些甜高粱来熬糖外，偶尔砍几颗嫩一些的高粱杆当零食啃啃也不错。

南方叛乱地区虽然也有甘蔗种植园，但主要集中在墨西哥湾沿岸的路易斯安那州，种植面积和产量都远远无法与在南方

◎ 糖钳子和锥形的硬糖，南北战争时期的士兵可不会像小妇人那样带一把糖钳子，有枪托就够用了。

地区占据绝对优势的棉花相提并论。虽然墨西哥湾沿岸地区港湾密布，适合走私的地方很多，离盛产蔗糖的西印度群岛也不算多远，但走私船得时时刻刻提防联邦海军的封锁舰围追堵截。和平时期，沟通南北在南方商品流通中占据重要地位的密西西比河航线也因战事失去了往日的繁荣，密西西比河以西地区与东部的物资交流随之受到很大影响。南方既没有北方那样发达的工农业，也缺乏北方地区便利的铁路交通网和便捷的内河运输航线。到1860年时，美国全境的3万多英里铁路中只有不到9000英里属于后来发动叛乱的南方邦联。内河航线上运营的船只也基本处于北方控制下。

交通运输条件落后同样制约着南方邦联的餐桌，这对军队和老百姓来说是个非常窘迫的难题。哪怕是港口或其他筹集到物资的供应地堆满了生活必需品，也难以快速运输到缺吃少穿的人们手里。南方的食糖产地路易斯安那州就算生产再多食糖，也得排在其他供应更为紧张的物资后面，想运送到邦联其他地区需大费周折，大部分南方地区的人们想满足吃点儿糖的愿望更是难上加难。

被亵渎的蔬菜

填饱肚子的主食、喝的饮料都有了，缺的还有蔬菜。在战争时期还能指望军需部门按部就班给前线送来足够的新鲜蔬菜？这种想法当然太天真了。由于新鲜蔬菜容易腐烂，体积和重量都很大，运输困难、便于储存，所以即使是和平时期的联邦军队营地，蔬菜也很稀罕。平时应该向士兵们提供的土豆常被脱水蔬菜和脱水土豆代替。这被当成是口粮方面的一项“重要改革”，但士兵们显然不这么认为。谢尔曼将军也承认，大家根本对所谓的食品革新不感兴趣。他们对脱水蔬菜这种怪东西没一句好话，军营里的叫法通常是“干草捆”和“被亵渎的蔬菜”。这种硬邦邦的干蔬菜饼以土豆、白菜、萝卜、胡萝卜、欧洲防风草、甜菜、西红柿、洋葱、豌豆、蚕豆、扁豆、芹菜等蔬菜为原料，经过清洗、粉碎后脱水干燥而成。当然，不用指望这样的产品能有什么好味道，衣阿华第三骑兵团的一名士兵说："我们用煮、烤、炒、炖、盐腌、蜜钱各种方法来对付它，还试图放进布丁、蛋糕和馅饼里，可所有的烹饪方法都对它无可奈何！所以，弟兄们就只有弄碎它放进烟斗当烟叶抽！"士兵们对这种东西既然没什么好印象，只要有别的选择，大家都不会轻易吃这种"被亵渎的蔬菜"。

好在北方经济发达、物资供应充裕，动员组织水平和交通运输条件也比南方优越。州政府和一些民间机构也能主动向军队提供一些便于储存和运输的蔬菜，例如土豆、洋葱、甜菜，以防止可怕的坏血病。条件好的地方还能有西红柿、水果罐头、鸡蛋、家禽之类的食品来调剂伙食，补充营养。美国卫生委员会和美国基督教会在战争中就出力不少，这两个民间救助机构慷慨解囊，在那些为联邦军队服务的医院设置救助站，每个救助站有2辆大型货运马车装满了可供发放的援助物资。通过这些救助站，他们向受伤的士兵们提供了100吨西红柿罐头、1200桶黄瓜、1.7万罐德味十足的酸泡菜，还有大量罐装水果和蔬菜，为受伤的士兵恢复健康提供了巨大的帮助，对提升军队的士气也起到了不可估量的作用。联邦军队还通过就地征发、采购等多种方式获得新鲜蔬菜、水果和其他副食品。可以毫不夸张地说，联邦军队吃得比以往任何时候都好，与穷困潦倒的南方佬相比，日子过得真是太好了。驻守在锡蒂波因特镇上的北方佬甚至还有柠檬水解渴！在这个联邦军队重要的军需物资集散地，经常有两三艘满载这些民间机构援助物资的货船停靠在詹姆斯河的码头上，等待黑人搬运工卸货。

无处不在的随军小贩也能让士兵们的伙食更丰富一些，不过，这些唯利是图的商贩盘剥起主顾来都是行家里手。他们销售的水果罐头、肉罐头、炼乳罐头、黄油、甜饼、咖啡、糖之类的价格高昂不说，以次充好的现象也时有发生。军官们想吃好喝好还好办，士兵们每个月只有可怜巴巴的十几美元，经常被这些商贩弄得一美分都不剩。虽然为了防止士兵花光军饷后再欠一屁股账，部队特意规定士兵不准在随军商贩那里赊账，但什么都架不住士兵那

◎ 连里排队打饭的场面，看起来大家一点儿也不高兴，估计大家早已对桶里食物的味道不抱任何期望了。

◎ 货运马车是军队和民间都很常见的一种运输工具。

张对美食充满渴望的大嘴。毕竟大家都很清楚，说不定哪天就去见上帝了，去天堂的路上总不能还饿着肚子，趁活着就把到手的那几个钱都花了吧，何必便宜了收尸的家伙？在此种心理作用下，军营里负债累累的士兵比比皆是。怀恨在心的士兵时不时与随军商贩发生冲突，从商贩帐篷里顺手牵羊的戏码也经常上演。

就算没有随军小贩的售货帐篷，联邦军队也还有“干草捆”可以啃，南军却是什么都指望不上。南方叛乱诸州严重的通货膨胀使经济雪上加霜，缺少铁路、交通条件恶劣使筹集来的物资无法运输，南军正常的口粮供应都难以为继，新鲜蔬菜就更不用说了。南军手里既没钱，也不像北方佬那样有大批随军小贩伺候着，虽然偶尔能得到当地居民提供的一些口粮和蔬菜水果，不过这无法得到长期保证，多么慷慨好客的居民也架不住一大帮人连吃带拿这么折腾。大多数时候，南军只有靠手里的枪杆子才能让附近的老百姓服服帖帖。在1862—1863年冬季，罗伯特·李将军的部队因为严重缺乏口粮和蔬菜，有数以千计的人得了坏血病。一直熬到来年春天吃上了檫树（北美的一种樟树）树根和野葱，这种凄惨的情形才好转。

一塌糊涂的合伙饭

当然，有了原料不等于就有了可以入口的饭菜。当时，军队可没有专职厨师，领到口粮后士兵们还得自己煮饭。按照美国人的说法，烹饪本来就不适合男人，可这些在家里习惯了母亲或妻子做饭的男人也不得不学着跟锅碗瓢勺打交道。士兵们一般都是6~10人一组自行组织起来合伙做饭吃，团里提供大铁壶和铁锅，这也是早期“食堂”的雏形。一般是轮流做饭，不过，平日里稍稍有一点“烹饪天赋”的人很快会被推举出来给大伙儿做饭。经常有投奔军队的“战时违禁品”（即从奴隶主那里逃出来的黑人奴隶），一些连队也会毫不客气地留用，照顾牲口、挖掘堑壕、搬运物资，干些粗活什么的。如果能够找到一个在厨房帮过忙的逃亡黑人，那就更欢喜了。这些逃亡黑人也非常乐意为联邦士兵做饭，哪怕暂时没有报酬也是非常合算的事情——既能给自己找到一个安全的庇护所，还能赢得一份口粮。多年以后，美国军队还习惯性地把招募来的黑人安排进厨房给大家做饭，厨子几乎成了黑人在军中的传统工作。不过，一般士兵也很乐意试着当厨子，毕竟不管在哪儿，厨子都算得上是一个颇有油水的行当。即使没有大笔进项落入腰包，吃喝是绝对不用发愁的。“厨子不偷，五谷不收”这个道理，无论在哪个国家都通用。另外，被推选出来做饭的家伙也可以免除营里其他恼人的琐碎杂务。因此，在联邦军队厨房工作还是挺

◎ *军官们吃饭很讲究，不但桌椅板凳要齐全，还得人专门伺候。*

让大家羡慕的。

北军最喜欢的菜是烤豆子加腌猪肉或腌牛肉。此外，大家也很喜欢吃加了各种蔬菜的乱炖，军营里最常见的蔬菜自然是土豆和洋葱。当然，大多数时候北方佬是把硬饼干泡软了弄碎，再用咸猪肉或培根煎着吃。南方佬则是先煎培根，然后再加水和粗玉米粉一起煮。虽说做法不同，最后的结果却殊途同归，盛到饭盒里的东西怎么看都是一塌糊涂，只能说南北双方做饭的本事半斤八两，再怎么练习也不能增加多少烹饪天分。士兵们的餐具很简单：马口铁盘子和铁皮杯子，饭做好后就用这两样餐具端走慢慢吃。没工夫做饭时，也可以在两块硬饼干中间夹点腌猪肉当三明治吃。不过，要对付坚固得像火石一样的硬饼干和又硬又韧的咸猪肉，牙齿可就遭大罪啦，等到他们有幸活着回家，牙痛看牙医时就知道什么是恐惧和无助了。

餐桌上的成败

总之，联邦军队之所以能在内战中取得最后的胜利，不仅是因为拥有道义上的优势，能够源源不断为规模庞大的军队提供充足的饮食保障，让士兵们在漫长的战争中吃得比任何时候都好，也是赢得战争的重要原因。邦联军队固然在战争中有许多精彩的表现，但由于从前线到后方都没有长期的、稳定的物资供应，士兵们始终处于饥饿的边缘，这么一支衣食无着的军队，士气是很难维持太久的。南军越打越弱，不仅体现在战场上的节节失利，从餐桌也能看出，其将失败的命运是无法避免的。

◎ *坐在硬饼干箱子上的军官，他身后堆积如山的硬饼干箱子也是联邦军队打赢战争的重要保障。*

地中海三国演义

法兰西、奥斯曼与哈布斯堡

作者：不朽如梦

1543年，君士坦丁堡沦陷在奥斯曼人手里的第九十年，天主教世界的保卫者哈布斯堡王朝的神圣罗马帝国大军，与伊斯兰世界扩张的代表奥斯曼帝国大军会战于匈牙利境内。倘若神圣罗马帝国战败，中欧势必门户大开，高举新月旗的伊斯兰战士将如洪水般涌入，令天主教世界变色。根据记载，两军相互炮击时，一发炮弹落入神圣罗马帝国阵地，在地面上砸了一个深坑。有人无意中一瞥，发现炮弹上赫然刻着鸢尾花的标志——那可是法国王室的象征！天主教阵营的法国人竟然向伊斯兰阵营的奥斯曼人提供炮弹，轰击同为天主教阵营的哈布斯堡人！？这种咄咄怪事当时却是真事。可以说，这颗炮弹凝结了奥斯曼人、法兰西人和哈布斯堡人之间上百年的恩怨情仇。这段历史堪称地中海世界的三国演义。

洪水边缘的欧洲——苏莱曼大帝的脚步

1453年，随着君士坦丁堡被奥斯曼人攻陷，拜占庭——这一承载过无数荣誉的千年帝国最终灭亡。但奥斯曼人并没有停下脚步，而是继续扩张。从北非沿岸到匈牙利的边疆要塞，高举新月旗帜的真主战士如洪水般不停侵蚀着欧洲世界。他们不但切断了欧洲与东方的联系，还不断挤压天主教世界的生存空间。

◎ 穆罕默德二世进入君士坦丁堡

当时，有句俗语：“奥斯曼人一旦开始进攻，就不会停止。”他们在陆地与大海上不断发动攻击。赫拉克勒斯之柱①至波斯的广大区域，无论是巴尔干半岛的山丘、平原和山坡，安纳托利亚的高原和海岸，还是埃及的沙漠、匈牙利的草原、地中海的海面，都是奥斯曼战士驰骋的舞台。

1461年，面对奥斯曼大军，特拉布宗帝国末代皇帝大卫·科穆宁被迫投降，拜占庭帝国的最后一点余烬也被扑灭；1475年，热那亚人的明珠——人称“小君士坦丁堡”的卡法城被攻陷；1483年，奥斯曼军队攻占大部分波斯尼亚和黑塞哥维那，不久又夺取瓦拉几亚和摩尔达维亚；1521年，奥斯曼人攻陷贝尔格莱德，从而“打开了那扇野蛮人可以进入欧洲大陆蹂躏匈牙利的大门”。

对当时四分五裂的欧洲来说，奥斯曼帝国无疑是个庞然大物，犹如始终笼罩在头顶的阴影。奥斯曼帝国的苏丹拥有当时世界上最强大的武装力量。他是两个海洋、两个大陆和许多圣城的统治者，他骑在马上，率领“加齐武士”②长驱直入，成为地平线的主人。不过，为了取得这种威势，奥斯曼人拼搏与奋战了10多个世纪。

① 赫拉克勒斯之柱，指直布罗陀海峡两岸耸立的海岬，一般认为北面一柱为直布罗陀巨岩，南面一柱为位于休达的雅科山。相传，希腊神话中的英雄赫拉克勒斯在此处将阿特拉斯山脉一分为二，打通了地中海与大西洋。此外，根据柏拉图的记载，失落的帝国亚特兰蒂斯便在赫拉克里斯之柱以外的海域。

② “信仰武士”和“发动圣战的人”之意。

奥斯曼人是突厥（Türk）部族的一支，他们头顶苍天、脚踩大地，生活在马鞍上，以放牧和劫掠为生，坚忍不拔，彪悍凶狠。突厥部族最初起源于里海一带，据说是匈奴别种，姓阿史那氏。传说该族曾被敌人打败，全族尽灭，只剩一个十岁的小儿被斩断手脚，丢在草泽中。后来，有一只母狼经过，衔来兽肉喂养，等到这个小儿长

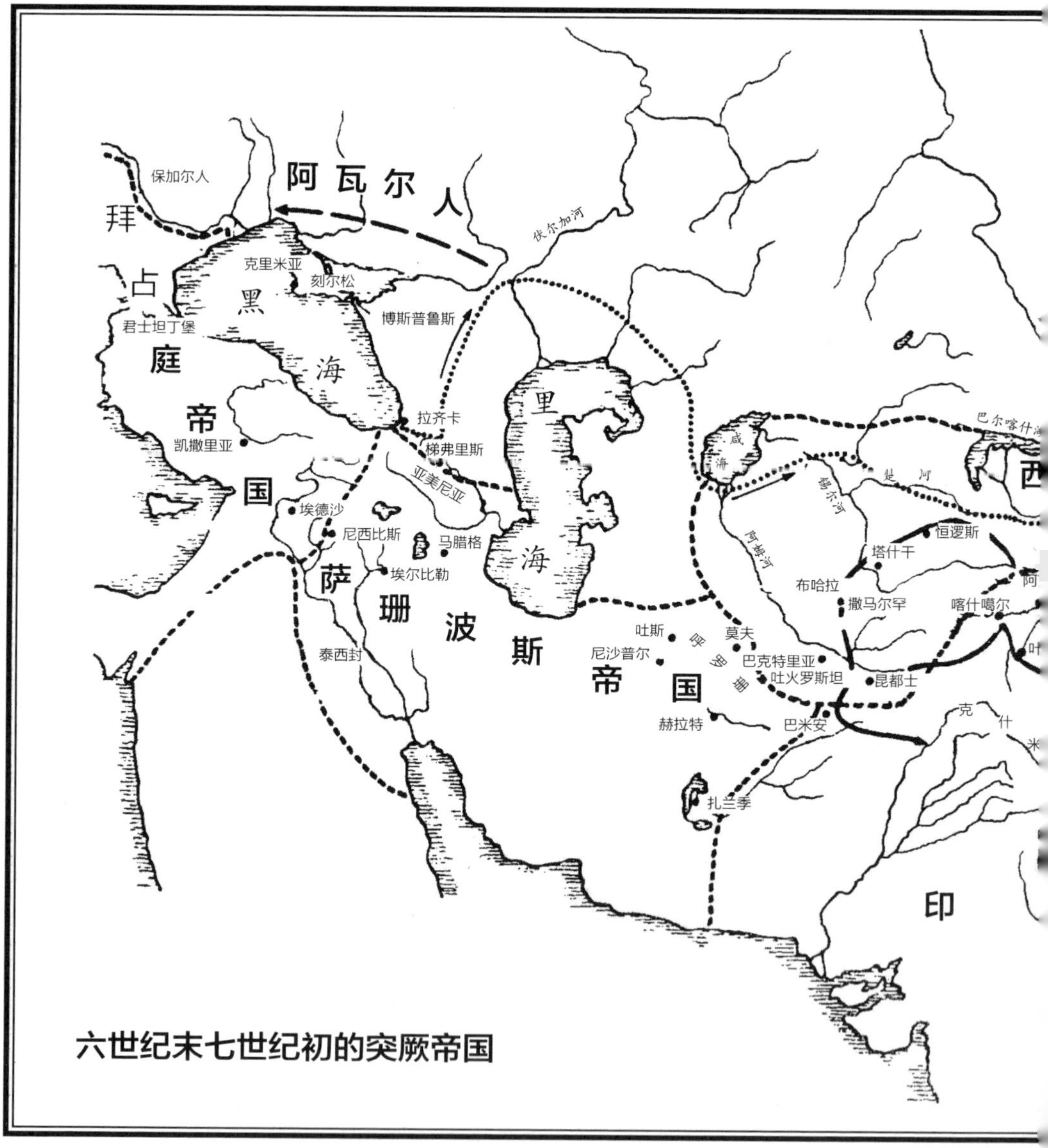

◎ 突厥汗国形势图

大，便与母狼结合。不久，敌人得知小儿未死，派人前来追杀。母狼走投无路之时，有神灵将其摄至里海之东的山洞。之后，母狼产下十子，阿史那便是其中最为贤能者。待到他重建部族，就于牙门前树立狼头大纛，以示不忘本。

5 世纪中叶，阿史那所部被柔然人征服，被迫迁到金山（今阿尔泰山）南麓。由于善锻铁器，柔然人将他们称作"锻奴"。因金山形似兜鍪（战士头盔）在他们的语言中读作"突厥"，他们便将"突厥"作为自己部落的名称。522 年，阿史那土门自称可汗，建立突厥汗国，并迅速击败柔然人，成为当时亚洲草原地带的最强者。最强盛时，其汗国疆域东至辽海、西至里海、南到阿姆河、北过贝加尔湖。但年岁不久，突厥便分裂为东西两部，并先后被崛起的大唐王朝灭亡——公元 630 年，李靖率军大破东突厥，俘颉利可汗，东突厥灭亡；659 年，唐军又进入西域，灭亡西突厥。突厥灭亡后，所辖部落四散迁徙，一部分被唐王朝迁至中原，后融入汉族，另一部分则继续向西游牧。

10 世纪时，突厥人部落联盟九姓乌古斯中的一支——赛尔柱人游牧于锡尔河以北的草原一带，在布哈拉地区信奉了逊尼派伊斯兰教。接着，他们一路西迁，进入伊斯兰世界的中央地带——衰亡没落中的阿拔斯哈里发帝国境内，并在呼罗珊、波斯、伊拉克、亚美尼亚、小亚等地相继建立了政权。1055 年，赛尔柱人的大军进入巴格达，结束了布韦希王朝的统治，其首领突格里勒被哈里发卡伊姆授予苏丹称号。1071 年，赛尔柱大军在首领艾勒卜·艾尔斯兰（绰号"英雄的雄狮"）率领下击溃拜占庭大军，俘虏拜占庭皇帝罗曼努斯四世，夺取了安纳托利亚与亚美尼亚地区，

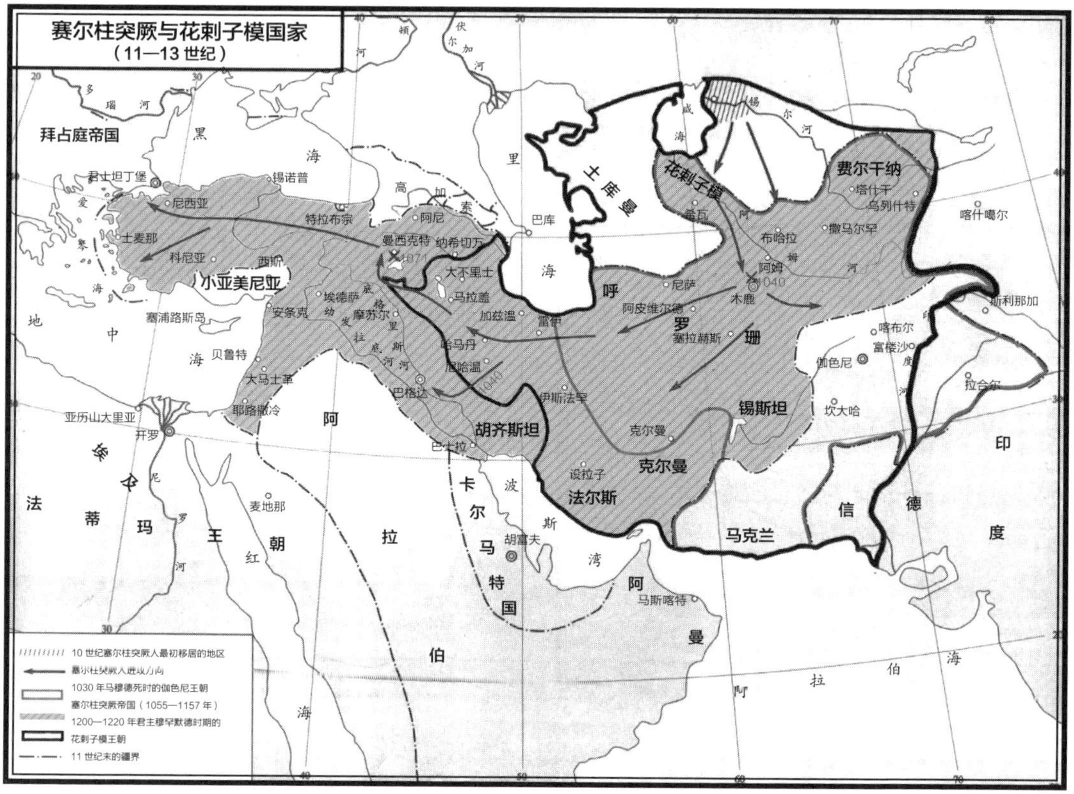

◎ *塞尔柱突厥及花剌子模国（11—13世纪）*

史称“曼齐刻特战役”。凭借此役，塞尔柱人在该地建立起了罗姆苏丹国。拜占庭帝国的丧钟也由此开始敲响——近 200 万突厥人涌入安纳托利亚，并最终将该地突厥化，使得拜占庭帝国永久失去了这一重要的兵员地及赋税来源地。

13 世纪，赛尔柱国家遭到蒙古人的毁灭性打击，许多突厥部落再次被迫向安纳托利亚迁徙。

奥斯曼人这支突厥部落，便在这样的背景下登上历史舞台。他们最初在中亚呼罗珊地区游牧。13 世纪初叶，因蒙古人的压力，奥斯曼人渡过幼发拉底河进入安纳托利亚，成为罗姆苏丹国的附庸。他们被安置于马尔马拉海峡北部和拜占庭帝国相邻的萨卡里亚河畔，其首领得到了埃米尔[①]的称号。

奥斯曼人最初十分弱小，不超过 400

① 阿拉伯语，意为“受命的人”、“掌权者”。

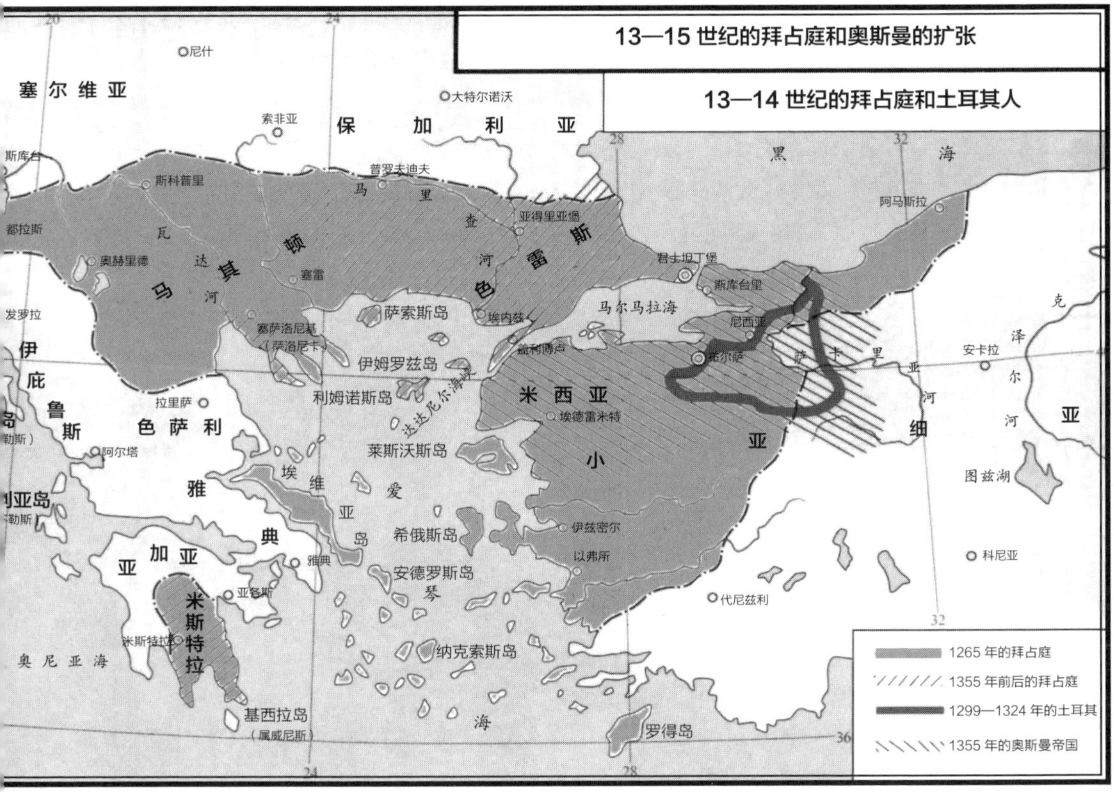

◎ *13—15世纪的拜占廷和奥斯曼的扩张*

名骑兵。13 世纪末，罗姆苏丹国的崩溃给了他们崛起的机遇。1281 年，奥斯曼继位成为埃米尔，他是奥斯曼国家的开创者，可以说是奥斯曼人的“太祖”。奥斯曼继位时，伊斯兰教苏菲派长老谢赫·艾德巴里（奥斯曼娶了其女儿马勒哈）赠予他一把“胜利之剑”，并授予他“圣战者”的桂冠。自此以后，隆重授予“胜利之剑”便成为每一位奥斯曼苏丹继位典礼不可或缺的一环。据记载，奥斯曼为人慷慨，每一次出征掠夺来的战利品及土地都毫不犹豫分封给立功的战士，因此很快便集聚了来自各地的大量武士。同时，奥斯曼还借助“圣战”的旗帜将原本涣散的突厥部落整合成一支纪律严明、骁勇善战的武力，并将自己的国家变成了信仰武士“加齐”之国。

他的“圣战”事业得到了伊斯兰信仰者的狂热支持，不管是商人还是牧民，神学家还是法学家，都纷纷前来投奔。奥斯曼的队伍越来越壮大，突厥游牧部落也因奥斯曼的名字而被称为奥斯曼人。1300 年，奥斯曼自称苏丹，奥斯曼国家正式建立起来。

“突厥人手持利剑，对利剑的恐惧深深植入了人们的内心。”之后的岁月里，奥斯曼人一路高歌猛进，先是蚕食了安纳托利亚，之后又攻占了巴尔干半岛各地。1389 年，奥斯曼人在科索沃战役中大败巴尔干的基督徒联军，为奥斯曼帝国向欧洲扩张铺平了道路。1396 年，奥斯曼苏丹“雷霆”巴耶济德一世在尼科波利斯战役中大败匈牙利国王西吉斯孟所率的，由法兰西人、德意志人、波兰人、意大利人、捷克人组成的基督徒联军，结束了欧洲历史上最后一次真正意义上的天主教十字军东征。

总体上，奥斯曼人之所以强大在于其军事组织。最初，奥斯曼人作为游牧部落，实行兵民一体，以部落为主体的组织形式。早期兵种是一种被叫作“阿金日”（袭击者）的轻骑兵。这类骑兵是志愿兵，没有军饷，他们自带武器和马匹参战，战后分享战利品。集结令一旦发出，这些战士便会以惊人的速度集结起来，在各地的领导者麾下迅速形成作战编制。在他们的认知里，葬身于敌人的长矛和弓箭下远胜于死在家中的床上。

后来，奥斯曼帝国为骑兵封授一定数量的土地，从而形成类似西欧骑士的阶层。他们享受土地上的收益，平时征募和训练自己的家臣，战争爆发时则提供骑兵随同出征，这种骑兵被称作“蒂玛里西帕希”。如果当上蒂玛尔领主，一旦集结令下达，病了让人抬着病床也要上战场。苏莱曼大帝时代，这样的领主约为三万七千人，能提供约八万名骑兵。他们与欧洲封建主的不同之处是，他们的土地依旧属于苏丹，蒂玛尔领主的权力仅是征收来自土地的收入。每一次战役结束，苏丹按惯例接收所有的土地及五分之一的金银财宝，剩余的五分之四则作为赏赐分配给手下的战士。

在帝国的中央，苏丹又建立了被称作“卡皮库鲁瓦里勒里”（近卫骑兵）的王室骑兵，他们也是随时做好响应苏丹马尾军旗命令的准备。不同于“蒂玛里西帕希”，近卫骑兵只对苏丹负责，薪水也由中央发放。苏莱曼大帝时代，近卫骑兵为六千人，

◎ 奥斯曼帝国骑兵甲

分为六个分队。出征时，一至四分队负责冲击敌阵，其余两个分队则列于苏丹身侧。

奥斯曼帝国的步兵最初也是招募的，指挥官是苏丹的直系亲属或近臣。但是，游牧出身的奥斯曼人始终不习惯严酷的纪律和严格的训练，他们认为天之骄子应当骑马驰骋疆场，而不是作为步兵跟在骑兵后面吃灰，因此这一编制很快便无法维持。

为了保障步兵军团的战斗力，奥尔汉苏丹的谋臣阿莱丁建议：将那些被征服的基督徒儿童组建成步兵军团，并迫使其改宗伊斯兰教。阿莱丁认为，将国家的基督徒臣民同军队联系在一起，可以避免基督徒叛乱。穆拉德一世时代，奥斯曼人便征用基督徒奴隶组建常备步兵，这支军队被称作“新军”（janizaries）或者“近卫军”，也就是“耶尼切里”。它是奥斯曼人最为精锐的一支军队，也是苏丹赖以纵横欧亚的最大倚靠。“耶尼切里”最初多使用刀剑、钉头槌等冷兵器，后来则大量使用火枪等热兵器。

◎ “耶尼切里”近卫军

这些奴隶士兵渴望战争，他们的晋升希望来自战争中展现的勇敢。以战功为傲，以雄心、利益与荣誉自我激励，他们的目标是要赶超先辈的功绩。当时，有人如此描述这支军队：“让我把他们称为‘新军’，让他们有容光焕发的面孔，有永葆胜利的手臂！有锋利无比的刀剑！长矛总是挂着敌人的头颅！不论他们到哪里去作战，一定会趾高气扬班师回朝！”

为了确保奴隶士兵的来源，奥斯曼苏丹制定了被称作“代夫舍梅”的血税制度。在苏丹统治下的基督徒臣民，定期要被征收未婚青少年，一般是每四十户征收一人，只有最优秀的青少年才能出现在名单上。这些青少年经过训练后，被分配到军营中服役，并将皈依伊斯兰教。他们终身服役，始终过着集体生活，且不能结婚。这些新皈依者极其狂热，对待昔日同胞从不手下留情，为苏丹最锋锐的宝剑，“抗拒他们的军队等于以卵击石”。苏丹对这支力量也信任有加，其中最优秀的青少年将被选拔接受最好的教育，成为苏丹的侍从，有机会出任各种军事、行政长官，最杰出者甚至可以成为“大维齐尔”。维齐尔是伊斯兰国家历史上对宫廷大臣或宰相的称谓，其中，大维齐尔为首席大臣，是阿拉伯语的音译，意为“帮助者”、“支持者”、“辅佐者”。

据统计，奥斯曼帝国鼎盛的1453—1623年间，48名大维齐尔中只有5人属土耳其血统、1人属高加索血统，皈依伊斯兰教的欧裔基督徒多达31人，包括6名希腊人、11名阿尔巴尼亚人、11名斯拉夫人、1名意大利人，另有2名则是亚美尼亚和格鲁吉亚的基督徒。

随着奥斯曼人的高歌猛进，新军规模也愈发庞大。至苏莱曼大帝统治时期，这支新军已有12000人，并以“真主手中的利剑”自诩。

当时，许多基督徒父母都希望自己的孩子能够得到帝国政府的征召。时人记载：“这个工作或者说是生涯，为那些偏远地区和饱受贫困折磨的乡村青年提供了广阔的未来。皇家奴隶是帝国最富有和最有权势的人；他们指挥苏丹的军队，统治行省并制定国家政策。”因此，经常有基督徒家庭在奥斯曼人征收少年时将自己的孩子偷偷塞进队列。1961年诺贝尔文学奖得主、南斯拉夫作家依沃·安德里奇在他的小说《德里纳河上的桥》中就描写了一个名叫穆罕默德的帕夏[①]，他是出身于波斯尼亚的“血税”少年，长大后被选为驸马，并扶摇直上当上了奥斯曼帝国的宰相。

对巴尔干的农民来说，奥斯曼人甚至可以说是解放者。农民原先每周要为贵族们免费服务两天，缴纳众多的赋税。但在奥斯曼人统治时期，强制征用、劳役被取消，每年只需为奥斯曼骑兵服务三天，且只需支付作为天主教徒应上缴的什一税。

此外，自开国之主奥斯曼一世以来，连续十任苏丹都是精明强悍之人，包括“雷霆”巴耶济德一世、“胜利者”穆罕默德一世、“征服者”穆罕默德二世、“冷酷者”塞利姆一世等。因奥斯曼人拥有如此众多强有力的领袖，即使一度被“跛子”帖木儿击溃，也能迅速恢复过来，并不断强大。

这些苏丹中，苏莱曼大帝无疑是最光辉的。他被称为“真主在大地上的影子”，也是“万王之王”。1520年，奥斯曼苏丹塞利姆一世去世，其子苏莱曼一世继位，奥斯曼帝国自此进入最为强盛辉煌的“苏莱曼盛世”。苏莱曼在位46年，曾13次带兵出征，成为最伟大的伊斯兰征服者。在文治方面，他也成效卓著，在位期间编著了《群河总汇》《埃及法典》《苏莱曼法典》等一系列法典，系统化和制度化了帝国的行政。因此，他也被称作“立法者”苏莱曼。

苏莱曼大帝继位前，匈牙利平原已经成为欧洲世界抵抗伊斯兰入侵的主战场。苏莱曼继位后，奥斯曼人对欧洲的基督徒领土展开了全面进攻，意图进入中欧腹地，

◎ 苏莱曼大帝

① “帕夏”是土耳其语，其义与阿拉伯语“埃米尔”略同。

首要目标便是匈牙利。

当时的匈牙利仍是一团乱——名义上它是个王国，实际上一切事物都由大贵族们控制着，王权极其衰微。1500年，贵族控制的议会通过宪法，规定议会有权决定赋税及其用途，各省官员由贵族选举产生，国王只有在被入侵时才能调动军队，而国防所需的军队人数也由议会决定。权贵互相争斗不已，国王则束手无策。当时，教皇的使者观察匈牙利的局势后，曾这样评价这些大贵族："即使只花三个福林（一种匈牙利钱币）就可以拯救这个国家，也不会有三个人肯作出这样的牺牲。"

贝尔格莱德于1521年陷落后，匈牙利本土已门户洞开，奥斯曼人的威胁近在眼前，但贵族们仍置若罔闻。当时在位的匈牙利国王拉约什二世向贵族把持的国会求援，却得到这样的回答："即使你送来一车这样的信件，用金字大书特书，我们也不会听命的。"不久，这些颟顸的贵族就为他们的短视付出了沉重的代价。

拉约什二世向国外乞援，收效同样不大。神圣罗马帝国对此表示关切，却因与法国的冲突而难以抽出兵力，只派了三千人前往克罗地亚防守。波兰国王齐格蒙特一世虽然有心帮助匈牙利，却同样需要兵力保护自己的国家，因此也只派了一支规模不大的援军。教皇派出的使节在摩拉维亚招募了一支人数不多的雇佣兵。这些就是匈牙利人所得到的全部援助。

1526年，奥斯曼苏丹苏莱曼一世发出最后通牒，再次要求匈牙利纳贡，拉约什二世断然拒绝，并将使节割掉鼻子和耳朵后赶了出去。随后，奥斯曼帝国的六万大军立刻越过国境线，越过巴尔干的崇山峻岭，向匈牙利首都布达城进发了。拉约什二世见奥斯曼大军压境，匆忙组织了两万四千人前去迎战，其中包括八千名来自波兰、德意志等地的雇佣兵。

8月29日，双方会战于多瑙河西岸的摩哈赤。摩哈赤距多瑙河不远，是一块宽阔的平坦地，左侧与多瑙河之间有一块长满芦苇和蒲草的沼泽地。奥斯曼苏丹的军营驻扎在匈牙利军对面的一个丘陵上。

当时的匈牙利军根本没有合格的指挥官，领兵的匈牙利贵族骄横地拒绝了波兰雇佣兵提出的"在辎重马车后面挖掘壕沟"的建议，也没有等待波希米亚和特兰西瓦尼亚的援军到达后再并肩作战。在大雨中，匈牙利人匆忙发起了进攻。匈牙利骑兵向装备了160门火炮和大量火枪的奥斯曼军发起决死突击。匈牙利军士甚至一度将箭矢射到了苏莱曼苏丹的盔甲上，但他们很快被奥斯曼人的侧翼部队包围。在奥斯曼人的大炮轰击下，再勇猛的战士也只能沦为残肢断臂。匈牙利军很快崩盘，战局演变为一场屠杀。此战，一万六千名匈牙利人战死，包括一千名贵族，许多匈牙利人逃跑时又陷入沼泽地丧失了生命。国王拉约什二世就在溃逃中慌不择路，连人带马掉进一个积满水的凹地里溺死。

有人这么形容这位可怜的拉约什国王：他的一生都是匆匆忙忙的——出生早（早产儿，医生将其放在刚屠宰的牲畜腹腔内才活下来），继位早（年仅10岁便继位），死得也早（溺死时只有20岁）。

此战，奥斯曼军仅损失了一千五百人。战后，奥斯曼人的史官得意扬扬记载道："一个不虔诚的种族被消灭了！赞美真主！"在苏丹的日记中，则轻描淡写地记下了如此一笔："大雨倾盆而下，砍了两千名俘虏的头。"

◎ 拉约什二世之死

战败的消息很快传到了首都布达城，到处都是一片混乱。以王后玛丽（神圣罗马帝国皇帝马克西米利安一世的孙女）为首的达官显贵们立刻选择了逃之夭夭，宰相大人在逃跑前还不忘将佩斯大主教的宅邸洗劫一空。十天后，奥斯曼大军进入布达和佩斯。

对匈牙利人来说，摩哈赤战役是一场完败。不久，独立的匈牙利王国便消失了，其领土被奥斯曼苏丹和神圣罗马帝国皇帝瓜分。以至于四百多年后的匈牙利人遇到困境，仍然会以此役来激励自己面对困难，因为"在摩哈赤所失去的远比现在多"。

◎ 摩哈赤战役

当时的历史学家记载："自此开始，德意志受到土耳其入侵的威胁，德国数百个教区多年钟声不断，号召人民祈祷，制止土耳其的入侵。"

同时，在海上，奥斯曼人也取得了极大的胜利。虽然奥斯曼帝国最初只是一个游牧部落，但它很快便学会了如何利用和征服海洋。自14世纪以来，奥斯曼海军逐步崛起，并在1453年围攻君士坦丁堡的战役中发挥了极大作用，成功对拜占庭人进行了海上封锁。

苏丹巴耶济德二世继位后，奥斯曼人开始大力发展海军，并招募了大量地中海的海盗船长为其服务，极大提高了奥斯曼海军的战斗力。在1499—1503年的战争中，奥斯曼海军在希腊海岸打败了曾经称雄地中海多年的威尼斯舰队，摧毁了威尼斯人的据点，进而夺取了被威尼斯人视为"海上珍珠串"的爱琴海诸多小岛，最终掌握了东地中海的霸权。

在塞利姆一世和苏莱曼统治期间，奥斯曼人的海军长期维持着300～400艘战舰，6万～7万名水手和桨手的规模，成为当时最为强大的海上力量，有力压制着天主教船队的航行。

1522年，苏莱曼聚集大军进攻罗德岛。该岛地处地中海航海要道，距离安纳托利亚海岸仅6海里，战略地位极其重要。医院骑士团（又名罗德岛骑士团或圣约翰骑士团）自1309年以来便一直占据着罗德岛，因此这一岛屿是天主教世界对抗伊斯兰的重要据点。医院骑士团建了一支强大的海军，拥有100艘战舰。作为整个地中海东部地区唯一的天主教力量，这支海军多次阻挡了奥斯曼人的扩张步伐，并曾攻打奥斯曼人位于叙利亚和安纳托利亚的海军基地，对埃及通往伊斯坦布尔的航路形成了巨大威胁。

1522年6月，苏莱曼集中了300艘战舰和10万名士兵围攻罗德岛。岛上不到

◎ 罗德岛之围

7000人，但凭借坚固的要塞，骑士团整整抵抗了145天，最终因得不到外力援助，于当年圣诞节前停止抵抗。苏丹答应宽待投降者后，骑士团残部有条件投降，并撤离了该岛。欧洲人声称，奥斯曼军队的损失高达5万人，相当夸张。虽然损失巨大，但奥斯曼人攻占罗德岛后，无疑拔除了伸向帝国心脏的天主教尖刀。

当时，有人形容奥斯曼人像“一条积满雨水而暴涨的大河，只要河岸上一有裂缝，河水就会迅速涌进，造成无限破坏”。海陆并进之下，奥斯曼打开了通往欧洲的大门。唯一能阻止苏莱曼坚定脚步的人，或许只有当时的神圣罗马帝国皇帝查理五世了。不过，这位皇帝此时却被他的毕生之敌——法兰西国王弗朗西斯一世牵制着而无力东向。此时的他，尚不知道苏莱曼与弗朗西斯签订了“渎神”协议。窥伺东西两个方向的哈布斯堡双头鹰遇上了新月与鸢尾花的联合，地中海世界三国演义的帷幕，就此拉开。

洪水边缘的欧洲——苏莱曼大帝的脚步

当我崇尚伪神时，
我的士兵、人民是强壮的，
城池是富裕的，
但我抛弃伪神侍奉上帝后，城堡被毁，神殿倾圮，人民成为奴隶，骑士堕落……

——都尔大主教希尔德伯特

此时，欧洲正处于破茧重生的前夜。经历了黑死病、灾荒和战争，欧洲虽然四分五裂，但社会经济却在慢慢恢复。最后一次大规模的黑死病结束于1440年，摆脱了黑色死神的镰刀后，欧洲经济开始复苏，谷物价格趋于稳定，大规模的饥荒渐渐绝迹，人口开始缓慢增长起来。

在意大利和德意志，大量原本抛荒的土地重新得到耕种，种上了各种经济作物，焕发出了生机。这些土地再次因葡萄园、橄榄园、果园、亚麻园而逐渐繁荣。畜牧业也得到发展，原本散养的牲畜饲养方式开始被更为高效的马厩、猪圈和专业化牧人所取代。在西班牙中部地区，由于缺少雨水适宜发展牧业，因此，养羊业发展迅速，羊毛成为其主要出口商品。15世纪末，西班牙的牧主工会控制了大约470万头长毛羊。

随着新航路的开辟，来自美洲的财富开始源源不断输入欧洲；文艺复兴的影响开始扩展，各个地区出现了立足于本民族的文化认同；而教皇则失去了昔日的地位，随着专制君权国家的兴起，教会的权威日益衰微。

法国无疑是欧洲的第一大国，拥有1500万人口，当时，英格兰不过300万人，西班牙也只有600万人。15世纪末，法国完成统一后，便着力对外扩张。那些贵族受教育就是为了战争，和平让他们感觉无所适从，尽管他们手里握有大量土地。经营土地的产出如何比得上战争所得？因此，富庶的意大利便成为法国骑士对外掠夺的最佳目标。15世纪初期，米兰的岁入便有1200万弗罗林（佛罗伦萨与热那亚铸造的一种金币），威尼斯也有1100万，几乎是当时法国政府收入的2倍。

那时，法兰西文明尚没有后世的精致华丽。刚刚走出中世纪泥潭的贵族们依旧举止粗鲁，而意大利则是欧洲文明的中心，人类的群星璀璨尽在那里。意大利有最伟大的艺术家，有举世无双的精妙绘画与建筑，有无数光芒四射的名字。同样，意大利也是奢侈之渊，有打扮最时髦的美女以及最为奢华的生活享受。当时，那不勒斯一位主教曾这样自豪地说：“勿需要那些外国人统计，凡是意大利没有的东西，休想在别的地方找到。”

在当时的意大利，连面包师的老婆都

◎ 弗罗林金币

能穿上绣有金边的服装。“那不勒斯王国的费德里戈王子进入罗马时，穿着金丝织锦衣服，昂贵的珠宝在胸前闪烁着光芒，军帽和便帽上也装饰着同样的珠宝，戴着一条价值6000杜卡特（威尼斯人铸造的一种金币）的珍珠宝石项链，身上的腰带和佩剑估计也很值钱。其坐骑的缰绳全部用价值3000杜卡特的珍珠宝石装饰着，所有的马饰都镀了很厚的一层金。”而威尼斯共和国执政官的着装更是华丽至极，仅军帽上的珠宝就价值19.4万杜卡特。

意大利的餐桌也是最丰富的。在当时的欧洲，糖还是一种奢侈消费品。但在意大利，没有一个宴会不以各种方式大量使用糖。图案、群像、鸟兽以及大多数颜色漂亮的水果都用糖来仿制。大黄、干果、肉桂和糖，它们使世界一直充满快乐。没有食物不加糖，糖被广泛加入糕点和葡萄酒中，人们喝糖水而不是纯水，肉、鱼和蛋都加上糖，总之，“盐都不如糖使用得频繁”，教皇克莱芒五世继位时的那顿庆祝宴会足足花了1.5万金币。

与其繁华富庶不相称的是，此时的意大利只是一个地理名词。意大利人喜欢舒适，早已抛掉了昔日罗马帝国的荣耀。穆斯林、诺曼人、安茹人、阿拉贡人纷至沓来，将意大利的荣耀踩于脚底。意大利南部为西西里和那不勒斯两个王国，此时已落入西班牙人手里。北部则是一系列城市邦国，除了教皇国外，最为重要的几个邦国是米兰、佛罗伦萨、威尼斯、热那亚。其中，威尼斯、热那亚掌握东方的贸易，在东南欧拥有一系列据点，曾盛极一时，不过此时受制于土耳其人，势力大减。

富庶而又纷乱的意大利半岛，自然会招来不怀好意的觊觎者。法兰西的贵族对意大利的财富垂涎不已，法国国王对意大利的领土也有着迫切的要求——如果占领意大利，便可以控制地中海，有利于法国通商，同时也能保护法国的侧翼。

于是，法王路易十一自称继承了安茹家族的勒内对那不勒斯的权力，宣称要夺回他的领地，并得到了教皇及威尼斯的支持。那不勒斯领土相对广阔，商业发达，且拥有较强的海军，控扼着地中海中部。一旦夺取该国，不但可拓展法国的商路，还可聚敛战争所需。可惜的是，法王路易十一一直忙于国内事务，无暇顾及南方。他的儿子查理八世继承法兰西王位后，机会终于来临：那不勒斯的贵族为了反抗阿拉贡王室斐迪南一世的残暴统治，请查理八世行使其权力。1494 年 1 月，斐迪南一世刚去世，查理八世就宣布将收回那不勒斯。很快，他率领四万大军（包括一万八千名骑兵及两万两千名步兵）越过阿尔卑斯山侵入意大利。

◎ 法王路易十一

法军一路进军顺利，很快占据皮埃蒙特、佛罗伦萨，并于 1495 年 2 月占领那不勒斯。22 日，四名那不勒斯贵族扛着金色华盖，伴随查理八世扬扬自得进入那不勒斯城。此刻的查理八世头顶四重王冠：法兰西、那不勒斯、耶路撒冷和君士坦丁堡，后两个王冠是教皇上个月刚刚授予他的。

查理八世与其父完全不一样：贪求女色，甚至超过其瘦弱体格所能承受的程度。进攻意大利途中，他更是一路眠花宿柳，留下不少私生子。

法军在意大利能取得一系列胜利，火炮发挥了至关重要的作用。当时，法军装备着欧洲最为先进的火炮。随着铸铁工艺的改进，火炮炸膛的风险大大降低，粒状火药的出现使火炮的威力有了显著提高。15 世纪三四十年代，攻城火炮颠覆了围攻战中进攻与防御之间的平衡。在此之前，法军就曾依靠火炮击败了英国长弓兵，并收复了诺曼底和阿奎丹。总之，伴随着大炮射发出的一声声轰天巨响，法军轻而易举攻陷了意大利大量堡垒。当时的意大利历史学家弗朗西斯科·圭恰迪尼评价法国人的火炮为“恶魔的而不是人类的武器”。凭着这样压倒性的火力优势，法军在亚平宁半岛上的行军好似游行一般轻松。马基雅维利曾这样感叹：“没有城墙可以存留下来，无论它有多厚，大炮都能在数天之内将其摧毁。”

战争证明，旧式堡垒无法防御新型的攻城火炮，意大利人由此痛定思痛，开始设计新堡垒。经过无数设计师的反复试验，意大利人最终在16世纪早期建造出了一种能抵御炮击的新式堡垒，被称作意大利式防御工事，并凭借其良好的防御能力迅速流传开来，从而抵消了进攻方火炮上的优势。

意大利式防御工事最大的特点是采用了棱堡体系，防守方在堡垒四周按照固定间隔建造一系列向外延伸的大角度棱堡，并在棱堡上安置火炮。棱堡一方面可以使正面城墙上的防守者得到侧翼火力的支援，对进攻者形成夹击；另一方面，相邻的棱堡之间互相呼应，其火力场可以覆盖到正面城墙根附近地区，不会出现火力盲区。

为了加强防御，这种新式防御工事还进行了如下改进：一是把传统的砖石堡垒改用土来建造，依靠松软的泥土吸收炮弹的轰击；二是降低城墙高度和厚度，减少城墙被火炮射中的概率，同时也可在城墙上安置火炮；三是在城墙外挖掘既深又宽的壕沟，并把壕沟以外的地方改造成斜坡，阻止敌人的火炮向堡垒靠近，增加其挖掘地道、在城墙下安放炸药的难度。

不过，在当时的意大利战场上，棱堡还远未成型，因此法军轻而易举获得了巨大的成功。志得意满的法国人在意大利的

◎ 位于奇维塔韦基亚港口的米开朗基罗要塞

花花世界很快迷失方向，沉醉在美女与佳肴组成的温柔乡中。到处可见法国人追逐妓女的景象，大批法国骑士感染了性病。得病的人是如此之多，以至于性病在很长时间内都被冠以“法国病”的雅称。

同时，随着法军的长驱直入，感到恐慌的其他国家决定抱团取暖，威尼斯、米兰和罗马教皇组成了威尼斯同盟。那不勒斯贵族此时也发现法国人并不比阿拉贡人好多少，甚至更加贪婪——贵族要付出更多的金钱，才能保住自己的职位。

西班牙国王斐迪南二世积极组织了反法同盟，因为意大利对他而言至关重要。他已是西西里王国的国王，但还觊觎着那不勒斯王国的王冠，因此他极力拉拢神圣罗马帝国共同对付法军的入侵。法军咄咄逼人的进攻态势也导致神圣罗马帝国皇帝马克西米利安一世很恐慌。虽然在进攻意大利之前，马克西米利安对此持默许态度，条件是法国将支持神圣罗马帝国，把威尼斯人赶出巴尔干。然而，法军一旦完全征服意大利，势必会极大削弱乃至消除他本人身为罗马人皇帝的影响。于是1495年3月，在斐迪南的反复劝说下，马克西米利安决定背弃法国，加入威尼斯同盟。迫于威尼斯同盟的军事压力，同时也由于疾病导致的减员严重、战斗力下降，查理八世被迫在联军切断其退路前撤军。

法军的撤退颇为狼狈，由于断粮缺饷，再加上性病肆虐，总兵力已减员至1.2万人，其中4000人为瑞士雇佣兵，法国人引以为豪的大炮也因过于沉重被丢弃。

7月6日，当法军行进至帕尔马附近的福尔诺沃时，被2万名同盟军追上。这支军队包括1.4万名威尼斯步兵及米兰公国和曼托瓦侯国派出的6000名轻骑兵。联盟军的计划大致是这样的：威尼斯步兵从正面强行渡河，逼迫法军与之决战，然后由骑兵从两翼迂回至法军背后，围歼法军。

但一场暴雨打乱了联盟军的计划。联军步兵与骑兵因滂沱大雨失去了联系，威尼斯步兵始终无法突破法军中瑞士雇佣兵的战线，反而差点被瑞士人的反击弄得崩溃，好不容易才稳住阵型；迂回两侧的骑兵一发现查理八世故意洒落在路边的金银财宝，便纷纷下马捡拾，乱作一团，导致联盟军迂回包抄的战略彻底失败。法王则趁此机会率法军主力撤退。瑞士佣兵发现法王率部逃离后，也收缩阵型撤离战场，被瑞士人重创而无力再战的威尼斯人只能目送他们离开。

法军主力撤退后，其余法军失去斗志，纷纷溃散，那不勒斯于1496年2月被西班牙军队占领。1498年4月，查理八世观看网球比赛时，被一扇松脱的门砸在头上，不久后便死于颅脑损伤。由于没有子女，其王位传给了侄子奥尔良公爵路易，是为路易十二。

法军卷土重来，不过是几年后的事情。1499年8月，法国新王路易十二继位不久，便以维斯孔蒂家族继承人的名义入侵并占领米兰。米兰公爵“摩尔人”洛德维科·斯福扎被法国人关在铁笼子里羁押在罗齐城堡度过了悲惨的余生。他“身陷囹圄，其雄心壮志连整个意大利都容纳不下”。想当年，这位公爵曾夸下海口，称亚历山大

◎ *法王路易十二*

教皇是他的宫廷住持、马克西米利安皇帝是他的雇佣兵队长、威尼斯是他的管家、法兰西国王是他的仆从，来去必须听他的命令。

这两次入侵不过是漫长的意大利战争的序幕。正如米兰公国史官贝尔纳迪诺·科里奥说的，法国对意大利的入侵“点燃了一场无法熄灭的大火，这场大火不仅摧毁了斯福扎家族，而且摧毁了整个意大利”。

夺取米兰后，路易十二再次将目标指向那不勒斯。1500年11月，法王与西班牙国王斐迪南秘密签订了《格拉纳达条约》，双方约定瓜分那不勒斯。那不勒斯国王费代里戈在内外交困下被迫投降，法军占领了该国北部，南部则被西班牙人占领。

但这样的和平局势也并未维持多久，战胜的两国为一些争议地区的归属权问题很快反目，战火再次烧遍那不勒斯。西班牙人的统帅是一代名将贡萨洛·德·科尔多瓦，他推行的军事改革使得西班牙陆军称雄欧洲，他因此被称作“伟大的贡萨洛”。不过早年，贡萨洛却是法军的手下败将。在第一次意大利战争中，他受命援助那不勒斯，结果被查理八世打得大败，只好狼狈退军。贡萨洛回国后反思失败原因，综合了瑞士人和意大利人的战术后，对西班牙步兵进行了大胆改革，创建了军事史上著名的西班牙方阵的雏形。他将步兵排成线列阵，主力为横向阵型，四个角落再分别配置一个方阵；中央方阵横向100列，纵向12~15列，外缘2列为大型火绳枪兵，中间为长矛兵；位于四个角落的小方阵为横向5列、纵向6列，士兵都使用大型火绳枪；最外面是剑盾兵和长戟兵组成的散兵警戒线。一个方阵约由3000名士兵组成，多个方阵可以共同布阵作战，具备压倒性的火力优势。

1503年，贡萨洛受命率军进入那不勒斯，命运似乎注定他将在此地一雪前耻，筑就西班牙陆军的辉煌。当时，在那不勒斯的法军足有4万人，而贡萨洛所部则不过1万人。由于兵力不足，贡萨洛一开始选择执行“费边战略”。他退守沿海各个要塞据点，放任法军占领广大地域。不过，西班牙人可以通过海路源源不断得到补给，而法军的补给线则因贡萨洛的游击战经常被切断，以至于缺衣少粮，补给困难，士气极为低落。渐渐地，贡萨洛获得了以寡击众、创造奇迹的机会。

◎ 贡萨洛·德·科尔多瓦

4月，贡萨洛认为法军锐气已被消磨得差不多了，便决定出击。法军为一举击破西班牙军队，也倾巢而出。最后，两军于小城察里诺拉附近展开决战。

西班牙人将主力步兵及炮兵布置在城北面的道路，并连夜设置了壕沟和矮墙，工事延伸到西南面一片开阔地。在开阔地，贡萨洛布置了少量长矛兵，并将大部分轻骑兵埋伏在更南边。法军总兵力为3.2万人，其中包括1.3万名瑞士雇佣兵、1.5万名意大利雇佣兵，为西班牙军的3倍多，因此法军统帅计划以兵力优势一举冲破西班牙人防线。

28日清晨，法军使用意大利弓弩手发起了试探性进攻，但西班牙火绳枪手有胸墙作掩护，火枪的射程还是弓弩的2倍。

◎ 贡萨洛与内穆尔公爵路易

◎ 西班牙方阵

也就是说，如果弓弩手要对西班牙人造成伤害，势必完全暴露在火枪射程中。因此，意大利人在西班牙人的火枪射击下始终无法前进。无奈之下，法军只得发起全线进攻，法国重骑兵在内穆尔公爵路易的率领下开始突击——路易率一部分骑兵正面进攻西班牙人，另一部分骑兵则从南面迂回到西班牙人后方，瑞士雇佣兵也配合法军重骑兵的突击发起了恐怖的长矛冲锋。

结果，当时欧洲最为精锐的法国重骑兵遭受了毁灭性打击。法国重骑兵好不容易冲到壕沟时，却发现马匹无法越过胸墙，自身反而暴露在火枪的近距离射击下。于是，内穆尔公爵及其骑兵遭到西班牙人火炮及火绳枪的猛烈射击，伤亡惨重。战斗中，内穆尔公爵路易身中三弹，当场阵亡。

另一支迂回包抄的法国重骑兵则在南边与西班牙轻骑兵狭路相逢。西班牙轻骑兵借助其机动性绕至法国重骑兵身后，凭借随身携带的火枪轮番向法军射击。法国重骑兵则因在平地上难以调头，只能被西班牙追赶得绕着阵地跑，结果又撞上了西班牙人设置的障碍，阵型大乱。西班牙轻骑兵乘机上前砍杀，最终将法国重骑兵彻底击溃。

瑞士雇佣兵付出了指挥官阵亡及伤亡20%士兵的代价后，终于冲至西班牙人阵前。勇猛的瑞士戟兵跳过壕沟爬上胸墙，西班牙长矛兵则隔着壕沟进行刺杀。至中午时分，勇敢强悍的瑞士人终于突破了西班牙人的第一道防线，他们兴奋地喊道：“将放火的西班牙人串起来。”贡萨洛则调集所有预备队布置了第二条防线。瑞士人不顾法军统帅要求撤退的命令，顶着火绳枪的火力排起方阵再次冲击。然而，地形崎岖且布满障碍，方阵被迫分成了一个个小队。贡萨洛抓住时机，发起反冲锋。在这种地形下，被打散的瑞士长矛兵无法自如挥舞手中沉重的长矛，而西班牙人的剑盾兵却挥洒自如，尽情砍杀。此时，西班牙轻骑兵驱散了法国重骑兵后也从背后杀了上来，瑞士人只好选择撤退。此战，法军阵亡 2000 人、被俘 5000 人，而西班牙人仅损失了 1200 人。

察里诺拉战役后，法军退守格里亚诺河，双方隔岸对峙。1503 年 12 月 29 日夜，贡萨洛通过侦察发现法军有所松懈，于是趁着夜色发动奇袭。他率部越过浮桥发起进攻，再次大败法军，并于 1504 年 1 月迫使法军放弃那不勒斯全境。

虽然失去了那不勒斯，但法军仍然在意大利北部驻有大军。同一时期，威尼斯人占领了教皇国的多个城市。为了收复失地，教皇尤里乌斯二世向法国求援。法军很快击败了威尼斯人，但其在意大利的存在又使得尤里乌斯二世如坐针毡，教皇认为法王想把自己变成“法国国王的小教堂中的神甫”。因此，当法国大使宣称能够击败威尼斯是上帝的意愿时，尤里乌斯二世回应道：“这是魔鬼的意愿。”

在如此局势下，1511 年 10 月，由尤里乌斯二世秘密策划，西班牙、英国、威尼斯和瑞士组成了第二次反法神圣同盟。为了击败反法同盟，路易十二的外甥、受封为新一代内穆尔公爵的加斯东·德·富瓦受命整顿意大利境内的法军。此时，他 23 岁，可以说是年少得志。虽然年轻，加斯东却无疑是一位军事天才。短短一年间，他便威震亚平宁半岛，赢得了“意大利之雷”的美称。他率领法军迅速击溃了教皇军及西班牙军在波伦亚布下的防线，之后迫使威尼斯军放弃了布雷西亚，接着又围攻拉文纳。

在拉文纳战场，加斯东的设想是围点打援，吸引同盟军主力前来，最后与之决战。同盟军主力果然前来救援。1512 年 4

◎ 拉文纳之战

月 11 日，1.6 万名同盟军与 2.3 万名法军狭路相逢。加斯东将攻城重炮就近投入战场，与同盟军炮兵展开对射，500 多门大炮射击发出的声音惊天动地，到处都是横飞的血肉。这场战役的生还者后来回忆起仍心有余悸："这个世界前所未见、最暴力可怖的炮声撕裂了两军的阵列。"

法军炮兵布置在右翼后方，以协助法军骑兵撕开同盟军防线。法军炮兵无疑是当时欧洲最强的炮兵，在有"大炮公爵"之称的阿方索指挥下，他们迅速夷平了右翼前方的防御工事，又迅速向前推进 1 英里，从侧面对同盟军左翼后方的骑兵展开了齐射。同盟军骑兵被迫冲出阵地，在法军火炮的压制下损失惨重，随后又被法国骑兵尽情横扫。而西班牙人则将炮火尽情宣泄在法军的中央步兵阵列，导致法军步兵在同盟军火力的阻滞下迟迟无法前进。直到法国骑兵驱散同盟军骑兵后回过身来，法军才形成夹击之势。加斯东统领骑兵从侧面及后方攻入同盟军步兵阵地，同盟军大败，主帅佩德罗·纳瓦罗被法军俘虏。在这次战役中，反法同盟军损失 9000 人，法军则损失 4500 人。

拉文纳会战，法军虽然取胜，但损失同样惨重，而且最为重要的是，失去了可以扭转战局的天才统帅——加斯东。这位年轻气盛的将领在会战快要结束时，过于自信地率领一小支骑兵部队向一支尚完整的西班牙步兵部队发起冲锋，结果中弹落马，死于西班牙步兵的长矛下。假以时日，加斯东应该能成为一代名将，在意大利战场上发挥更为重要的作用，可惜鲁莽行为

◎ 加斯东之死

使他成了战争史上的一颗流星。加斯东战死后，法军在其他战线纷纷失利，法国最后不得不被迫放弃米兰。

1512 年 11 月，神圣罗马帝国皇帝马克西米利安也加入了反法同盟。次年 7 月，英王亨利八世率领 1.1 万名英军（包括骑兵、步兵、长弓手和炮兵）在加莱登陆。8 月 11 日，马克西米利安一世皇帝率军前来会合。法军得知这一情况后，雅克·德·拉帕里斯率军北上迎战。

8 月 16 日，法军进入布朗日以南地区。法军指挥官决定速战速决。将步兵留在布朗日后，7000 名法军骑兵分为两路在凌晨时分出击：一路由雅克·德·拉帕里斯和隆格韦尔公爵路易率领，直扑英军主力；另外一路由阿朗松公爵查理率领，沿利斯河前进牵制英军增援部队。法国人希望在黎明前赶至战场，但两路法军的行动被英军轻骑兵侦察发现。亨利八世得知情况后，当机立断令英军迎战。中午时分，拉帕里斯就与英军的先头部队在博美镇相遇。此时，拉帕里斯才得知英军已经识破了他们

◎ 英王亨利八世

的计划。

战斗开始不久后，英军重骑兵出现在法军正前方，长弓手向法军侧翼发起攻击。查理五世的骑兵得知情况后也前来增援。面对优势敌军，拉帕里斯只得命令法军撤退，可法军的撤退很快变成了溃败。拉帕里斯试图收拢部队，却无济于事。法军扔掉长矛和军旗，有些甚至连马身上的铠甲都丢弃了，以确保能够尽快逃离战场。在这场被称作“马刺之战”的战斗中，法军损失了近3000人，一大批贵族被俘虏。

9月10日，亨利八世进入里尔城，并开始围攻图尔奈。在这种情况下，路易十二被迫选择和解，战争暂时告一段落。1515年，作为英法和解的一部分，年过五旬的路易十二迎娶了亨利八世年仅16岁的妹妹玛丽·都铎，但三个月后，路易十二便去世了。

法军虽然战败，但法国仍是欧洲大陆最强大的国家。为了共同对付崛起中的法兰西，神圣罗马帝国与西班牙渐渐靠近。最终，哈布斯堡王朝通过联姻构建了一个庞大的帝国。这一帝国在查理五世在位期间达到极盛。查理五世通过继承和征服，建立了横跨欧、美、非的大帝国，他本人也成为欧洲自查理大帝后最强大的帝王。

皇冠到底值多少钱——查理五世的皇帝之路

凯撒不是福音书博士，而是福音书的保护人。

——伊拉斯谟[1]献给查理五世的《圣马太释义》题词

查理五世于1500年出生于佛兰德斯的根特城，他虽然血统高贵，有大块领地等待他继承，但当时没人会想到他21岁时将统治一个占据欧洲人所知的大半个世界

① 荷兰哲学家，16世纪初欧洲人文主义运动主要代表人物，查理五世的私人顾问。

的帝国。

这一帝国是其祖父马克西米利安一世缔造的。马克西米利安一世出自哈布斯堡家族，哈布斯堡家族起源于现今瑞士北部的阿尔高州。1020 年，该家族修建了哈布斯堡城堡（鹰之堡），同时将此作为家族的名号，称哈布斯堡伯爵，并逐渐向外扩张。1273 年，哈布斯堡伯爵鲁道夫当选为罗马人民的国王（未加冕为皇帝），称鲁道夫一世。不久，鲁道夫从波希米亚国王手中夺取了奥地利公国。之后，该家族的统治重心便转移到了维也纳。

鲁道夫死后，哈布斯堡家族暂时失去了帝国皇冠，但保留了奥地利公爵的头衔。1437 年，阿尔布雷希特再次当选罗马人民的国王（未加冕为皇帝）。此后，除了1472—1475 年的短暂时间外，该家族便一直把持着神圣罗马帝国皇位，直到后来帝国覆亡。

到了马克西米利安一世时代，当时的神圣罗马帝国皇帝虽然拥有崇高的地位，但也有不足——帝国结构极其松散，大大小小的诸侯各自为政，皇帝的权力仅限于自己的直属领地，而且不断遭到各地诸侯的挑战。马克西米利安一世继位后，面对的便是这样紧迫的形势。他曾这样描述自己的帝国：“罗马帝国是一个没有什么收入的巨大包袱。”

马克西米利安虽然有“最后的骑士”称号，但他深知利益并不一定要通过战场来获取。在这样一个选帝侯、主教权力极大，邦国画地为牢的时代，他决心依靠自己的智慧另辟蹊径。他以婚姻为丝线，不

◎ 马克西米利安皇帝

断壮大家族势力，终将弱小的哈布斯堡家族变成了欧洲最为强大的势力。

与勃艮第的联姻是第一步。勃艮第公爵名义上是法王的封臣，却长期保持着事实上的独立，并一直挑战着法王的权威。公国最强盛时，其统领的土地从瑞士一直延伸到北海，包括受封于法王的勃艮第、佛兰德斯、阿图瓦，以及神圣罗马帝国境内的弗朗什孔泰、卢森堡及尼德兰省份。勃艮第公国地理位置重要，是进入德意志的要冲。勃艮第公国境内的土壤肥沃，工商业发达，拥有 600 万人口，与当时的西班牙相当，可以说是一个极为重要的大国。

1435 年，在与法王查理七世缔结的《阿拉斯和约》中，勃艮第取得了事实上

◎ 勃艮第盾徽

的独立。勃艮第公爵大胆查理继位后，更是竭力摆脱法国藩属的地位，准备重建当年罗泰尔家族的法兰克王国。为实现此目标，他积极支持法国境内的大贵族叛乱，削弱法国，并一度在战争中俘获了法王路易十一，迫使其签署了《佩罗纳和约》。不过，1477年1月，大胆查理在围攻南锡的战役中被瑞士人杀死，只留下一个独生女玛丽。大胆查理的死，意味着勃艮第建立德法之后第三大国的努力最终失败，勃艮第本土也被法王占领。

大胆查理死后，玛丽作为勃艮第唯一的继承人，继续统治着尼德兰及弗朗什孔泰。拥有丰厚嫁妆的她作为“天主教世界最大的继承人”，成为各国王室联姻的最佳目标。很快，法王路易十一便为王太子向玛丽求婚，企图以联姻来吞并富庶的尼德兰。

路易十一虽然在有生之年没能入侵意大利，但他是法兰西历史上的一位雄主。如前面所说，路易十一与自己那个喜欢享乐和女色的儿子——查理八世完全不同，他生活简朴，平时穿一件灰布长袍，头戴破帽，简直像个穷苦的乡下农民。但他圆滑狡诈、冷酷无情，“从不考虑和平那种想法”。如果无法在战场取胜，那他便使用间谍、行贿等手段达到目的。对于反对自己的人，路易十一会将他们关在狭小的铁笼，直到怒气平息。他仿佛一只巨大的蜘蛛，时刻编织着阴谋的网络，窥伺着猎物，等待时机收网。在他的统治下，法兰西结束了封建割据局面，奠定了统一的基础，他从而被称为“国土聚合者”。

路易十一刚继位便清洗了亲英的权贵，大大强化了专制王权，并在全国建立了十一个军管区。1466年，他粉碎了王弟贝里公爵以及波旁公爵、布列塔尼公爵等大贵族的联盟，占领了贝里公爵所辖的诺曼底。1468年，他击败布列塔尼公爵，迫使其签署和约，为布列塔尼并入法兰西奠定了基础。1475年，他又与英国国王爱德华四世签署和约，以7.5万埃居及每年5万年金的条件换取了英军撤回本土，扫除了法兰西统一之路的一大障碍。1484年，通过一系列巧取豪夺，他吞并了安茹家族在法国境内的全部领地。降服贵族后，他将城市议会及各行政区统一置于国王指挥下，实现了中央集权。

对路易十一来说，联姻也是常用的政治手段。1473年，他将年仅12岁的长女安娜嫁给了波旁公爵；1476年，他又迫使奥尔良公爵娶了次女让娜。但是，他向勃艮第继承人玛丽求婚的同时，哈布斯堡家族的马克西米利安也加入角逐，打碎了他的如意美梦。马克西米利安相貌堂堂，多才多艺，既是学者、诗人，又是骁勇的骑士，同时还以改进火炮及设计盔甲而闻

◎ 勃艮第的玛丽

名于世，是每位少女梦想的丈夫。法国王太子查理则其貌不扬，头大背驼，眼大无神，口齿笨拙，让人望而生厌。而且，尼德兰的贵族不愿意中央集权的法王成为他们的新领主，因此倾向于哈布斯堡家族，只要马克西米利安批准玛丽赋予他们的自由，联省议会便同意他们结合。1477 年 8 月，马克西米利安一世最终战胜了法王路易十一，与玛丽结为伉俪。次年，玛丽诞下一子，是为“美男子”菲利普。

路易十一不甘失败，挥师进入勃艮第公国向神圣罗马帝国开战，战争持续了五年。1482 年 3 月 27 日，玛丽在骑马时不慎摔死，年仅 4 岁的菲利普根据古老的继承法则成为尼德兰领地的继承人。不久，神圣罗马帝国与法国进行谈判。最后，双方于 12 月签订和约，法国太子查理娶马克西米利安与玛丽的女儿玛格丽特为妻，孔泰、马孔内、奥塞尔和阿图瓦地区为玛格丽特的嫁妆，勃艮第公爵领交由法王，菲利普则保有整个尼德兰，包括佛兰德尔的法语区。就这样，原本勃艮第公国最富庶的地区被哈布斯堡家族控制了。

1483年8月30日，法王路易十一去世，法国新王查理八世尚未成年，马克西米利安立即带领大军进入尼德兰。1485 年，布鲁日及根特被迫放弃自己的特权，承认其为摄政王。不过，1488 年，布鲁日人在法国人的支持下，突然袭击并扣留了马克西米利安，迫使他再次宣布恢复《大特权书》。

此后，为了打击法王，马克西米利安与法国境内最后一个独立的大封建主布列塔尼公爵勾结起来。布列塔尼位于法国西北隅，被英吉利海峡、大西洋和比斯开湾环绕着。罗马帝国末期，来自英吉利海岸对面的凯尔特人的一支——布列吞人占领此地，布列塔尼由此得名，其后成为法王的附庸，首领得到公爵的头衔。英法百年战争时期，法国王权衰微，公爵趁机扩大权力。1381 年，布列塔尼与法国签订条约，条约规定，如果布列塔尼在英法战争中保持中立，则公爵享有不向法王宣誓效忠的权利。这一条约确认了公爵对布列塔尼的实际统治权。其后，公爵加冕也完全按国王加冕的仪式进行，并独立发行货币。

到了 15 世纪末期，布列塔尼公爵弗朗西斯二世膝下无子，公国面临继承权危机。法王则虎视眈眈，企图利用这一危机一举吞并布列塔尼，公爵也四处寻找盟友，期间与马克西米利安进行了接触。1487 年，法王查理八世率兵攻入布列塔尼。不久，弗朗西斯二世公爵病死，17 岁的独女安妮

◎ 布列塔尼的安妮

继承了公爵领地。为确保公爵领地的独立，在中间人的牵线下，安妮女公爵与马克西米利安在未见面的情况下于1490年缔结了婚约。

但此时法王的大军已兵临城下，马克西米利安却因匈牙利事务无暇抽身。孤立无援的安妮只得答应法王的条件，嫁与查理八世为妻，而查理八世也废弃了与马克西米利安之女玛格丽特的婚约。

不过，马克西米利安还有另外一桩联姻可以利用，儿子菲利普成人后在其安排下迎娶了西班牙公主“疯女”胡安娜[①]。1500年，菲利普与胡安娜的儿子查理出生。西班牙与神圣罗马帝国的联姻意义深远，因为这场婚姻将催生一个庞大的哈布斯堡帝国。

◎ 阿拉贡的斐迪南二世

越过比利牛斯山的重峦叠嶂，便是当时欧洲大陆的另一重要国家——西班牙。西班牙以高原为主，间以山脉，北部以山区为主，中央是新卡斯蒂利亚和旧卡斯蒂利亚高原，地中海沿海又以山地为主，平原地区主要是安达卢西亚和阿拉贡平原。

公元8世纪初，穆斯林侵入西班牙，并迅速席卷了整个伊比利亚半岛，天主教徒退守至比利牛斯山脉及坎塔布连山脉的据点，并建立了一系列天主教小王国。

此后，随着科尔多瓦哈里发国的衰落，天主教徒在针对伊斯兰教徒的再征服运动中渐渐取得优势，逐步将伊斯兰教徒驱逐出去。在这一过程中，伊比利亚半岛上最终形成了两大王国——阿拉贡和卡斯蒂利亚。1469年，阿拉贡王子斐迪南与卡斯蒂利亚公主伊莎贝拉缔结了婚约。其后，

◎ 卡斯蒂利亚的伊莎贝拉一世

① 因丈夫不忠而疯，人称疯女（La Loca），出生于托莱多，阿拉贡国王斐迪南二世和卡斯蒂利亚女王伊莎贝拉一世的次女。

经过一系列的谈判，两人约定共同统治两个国家，伊莎贝拉既是卡斯蒂利亚的女王，也是阿拉贡的女王，所有新铸的硬币上都有国王和女王的头像。两国实现了名义上的联合，但仍然保留各自的行政机构、海关与议会，卡斯蒂利亚与阿拉贡甚至仍然互征关税。时人如此形容：“维系这些国家的那位君主，是每个国家的国君，但不是所有国家的国王。”因此，伊莎贝拉去世后，继位的是其女儿，而不是丈夫。

1487 年，联合起来的西班牙人对半岛上最后一个伊斯兰教小王国——格拉纳达发起了进攻。西班牙人尽情蹂躏异教徒的谷仓、农舍、葡萄园、橄榄园，削弱该国的实力。经过长期的残酷战争，1492 年，格拉纳达最后的统治者波阿布迪尔被迫交出了这座被称作“安达卢西亚的荣耀”的城市的钥匙。当他率领亲属离开这座城市时，他对着阳光下的宫殿痛哭不已，以至于他当时立足的山巅被称作“摩尔人最后的叹息”。他的母亲则谴责道：“你哭得像个女人，因为你未能像男子汉那样抵抗敌人。”

同一年，受伊莎贝拉女王资助的航海家哥伦布首航来到美洲，掀开了欧洲人征服美洲的序幕。

如果置身格拉纳达的阿尔罕布拉宫，后人应该能理解波阿布迪尔的痛哭。这座宫殿可以说是中世纪阿拉伯文化登峰造极的象征，它仿佛是《天方夜谭》中的神奇建筑，大理石柱与石雕花纹拱门互相辉映，让人眼花缭乱的远近配景法及丰富多彩的雕饰创造出一种梦幻气氛。后妃寝宫的北侧是著名的狮泉庭院，盛夏时，从山中引入的清冽泉水流经各个卧室后汇集此地，中央水池边环绕着 12 头口吐泉水的白色大理石狮子雕像，美轮美奂，一幅天国景象。失去这样的宫殿，怎能让人不叹息？

四百年后，西班牙吉他大师弗朗西斯

◎ 格拉纳达的最后一位君主向伊莎贝拉和斐迪南投降

科·塔雷嘉由此座宫殿触发灵感，写下了一首被称作“名曲中的名曲”的古典吉他曲——《阿尔罕布拉宫的回忆》。

最初，西班牙人同意格拉纳达的穆斯林居民可以继续保留信仰、法律、习俗、语言、服装，但没多久，投降时签订的条约便被撕毁。根据宗教裁判所的要求，伊斯兰经书被焚烧，凡是年满 14 岁而不接受洗礼的穆斯林将被驱逐，甚至改宗天主教的摩尔人也在驱逐之列。许多穆斯林被迫离开生活了好几百年的家园成为海盗，在之后的岁月里，他们将在大海的惊涛骇浪中向天主教徒复仇。

1515 年，斐迪南又吞并纳瓦拉王国南部。此时，这对夫妻的领土包含了除葡萄牙外的

◎ 阿尔罕布拉宫香桃木院

◎ 阿尔罕布拉宫狮子院的中庭

整个伊比利亚半岛：那不勒斯、西西里及撒丁。

虽然斐迪南与伊莎贝拉育有10个子女，但是除了“疯女”胡安娜外，其余9人不是早夭便是成年不久后便死了，胡安娜成为唯一的继承人。1504年，伊莎贝拉女王去世，将卡斯蒂利亚王冠留给了胡安娜，菲利普为共治者，斐迪南是摄政。

◎ “美男子”菲利普

◎ “疯女”胡安娜

斐迪南不愿意西班牙的王座最后落入哈布斯堡家族手里，于是迎娶了法王路易十二的侄女，希望能够产下子嗣延续自己的王朝。不过他这一努力最终还是因孩子的夭折而破产。

1506年，“美男子”菲利普在西班牙病逝，年仅6岁的查理，也就是日后的查理五世从父亲菲利普那里继承了勃艮第公爵和奥地利大公的爵位，同时享有卡斯蒂利亚王位的继承权。1516年，斐迪南病死在安达卢西亚，阿拉贡的王冠也落入查理手中。

虽然他的母亲仍保留着卡斯蒂利亚的王冠，但因疯疯癫癫无法履行职责，急需一个新的摄政来帮助其统治，查理作为唯一的继承人当仁不让。但他也面临着巨大的困难——成长于尼德兰的他对西班牙一无所知，而西班牙国内的大贵族们拥有强大的实力。他们为了给查理下马威，在西班牙境内掀起了一系列叛乱。同时，法国国王对西班牙也虎视眈眈。1516年12月，查理与法王弗朗西斯一世签订和约。双方约定，查理将娶弗朗西斯一世的女儿露易丝为妻子，并保证将阿拉贡军队撤出纳瓦拉北部地区，换取法王在西班牙王位继承问题上的中立。

当查理仍滞留在佛兰德斯时，西班牙的贵族试图恢复特权，但遭到了摄政王兼枢机主教希梅内斯的弹压。贵族们问希梅内斯凭什么压制他们的权力，这位81岁的老人指了指院子里的大炮。最后，各地贵族选择了妥协。1517年底，在希梅内斯的反复催促下，查理来到西班牙，并逐渐控制住了局面。1518年，查理继承西班牙王位，被称为卡洛斯一世。

不过，在继承西班牙王位的同时，查理也继承了王冠下各个领地的义务。作为诸多王国共同拥戴的国王，他必须保卫所有领地的光荣传统以及大小贵族的利益。作为阿拉贡的继承人，他必须保卫南意大利的利益，因此不得不陷入与法国和土耳其的漫长战争。

继承西班牙王位不过是查理事业的开端，1519年，老皇帝马克西米利安一世去世，留下了神圣罗马帝国的皇帝宝座。这一年，西班牙将领科尔特斯在维拉克鲁斯建立了西班牙人在墨西哥的第一个城市，并开始了征服阿兹特克帝国的事业。用了不到三年的时间，他便征服了这一地区。

根据传统，神圣罗马帝国皇帝需由选举产生，拥有选举权的七人被称作七大选帝侯，他们分别是波希米亚国王、萨克森选帝侯、巴拉丁伯爵、勃兰登堡选帝侯，以及美因茨、科隆和特里尔的大主教。他们被称作帝国的柱石和“七盏烛台”，共同发出光辉照耀这个神圣的帝国。

其中，美因茨大主教为皇帝选举的召集人和组织者，获得多数选票的候选者将获得罗马人的皇帝这一称号。这一选举方式是由查理四世时代颁布的“金玺诏书”决定的，如果追溯起来，则是条顿民族的传统。每个部落中一个家族，作为诸神的后裔，都有要求统治的不可废除的权利，战士们有权从这样的家族成员中选择最勇敢或最得人心的人为国王。

◎ 希梅内斯主教

罗马教皇则宣称这七个人中的美因茨、科隆和特里尔三位大主教代表德意志的教会，其余四人代表四个民族的公爵，即法兰克人、士瓦本人、萨克森人和巴伐利亚人的公爵。虽然前面两个公国已经灭亡，但其职位已传给巴拉丁和勃兰登堡。同时，由于维特尔斯巴赫家族最终占据了萨克森和巴伐利亚两个公国，为了限制其家族，最终波希米亚国王进入七人名单。七位选帝侯各自代表神圣罗马帝国皇帝属下的一个重要官衔。三个主教分别是德意志、高卢、勃艮第和意大利的大议长，同时也是掌玺大臣，波西米亚国王的身份是皇帝侍臣，巴拉丁伯爵为冢宰，萨克森公爵占据陆军元帅的职位，勃兰登堡侯爵则是御前大臣。

理论上，皇帝应具有四顶王冠：德意志、勃艮第、意大利以及世界的王冠——即在罗马加冕的帝冕。不过，很少有皇帝能取得所有王冠。

虽然德意志人长期占据着皇位，但这个职位理论上向全体基督徒都开放，因为这个帝国的名称叫罗马，而罗马“应该是世界的帝国”。因此，为了争夺罗马皇帝遗留下的皇冠，西班牙王卡洛斯一世与法王弗朗西斯一世、英王亨利八世等人开始了竞争。最后，这竞争演变为西班牙王与法兰西王这两位当时欧洲最强大君主之间的竞争。

法王弗朗西斯一世是昂古莱姆伯爵查理之子，出身于瓦卢瓦王朝的支系。法王路易十二没有子嗣，再加上法兰克人传统的《萨利克法典》规定女性不得继承王位，路易十二选中了弗朗西斯为其女儿克洛德的丈夫，并加封其为瓦卢瓦公爵，使得弗朗西斯成为法国王位继承人。1515年，弗朗西斯继位，称弗朗西斯一世。

在当时人的记载中，弗朗西斯一世集传说中的亚瑟王[①]与朗斯洛[②]的优点为一身。他高大英俊且精通武艺，慷慨仁慈，他的背后也是欧洲最为繁荣富庶的国家。但他的缺点也极其明显：爱慕虚荣、贪图享受，且鲁莽冲动，容易感情用事。他是一位完美的骑士，却不是完美的国王。这位大鼻子国王精力过人，一生中的风流韵事不胜枚举，最后死于梅毒。

弗朗西斯一世也是法国第一位文艺复兴式的君主，在他的统治下，文艺复兴在法兰西的土地上生根发芽。他创建了法兰西学院，建造了著名的枫丹白露宫。同时他还是同时代许多艺术家的支持者与保护人，达·芬奇便是在他怀中去世的。

为了成为神圣罗马帝国的皇帝，法王投入可谓不菲。当时人说，法兰西王国装满黄金的马车在德意志各选帝侯的领地内四处穿行。据说，弗朗西斯一世动用的资金高达300万里弗尔，是自己岁入的一半，并试图从热那亚和里昂的银行家那里取得贷款以增加财力。在他的金弹攻势下，美因茨、特里尔、勃兰登堡、巴拉丁等选帝侯最初纷纷表示将拥护他。

◎ 法王弗朗西斯一世

查理在外表上则与弗朗西斯一世恰恰相反，他没有英俊潇洒的外貌与骑士风范。他脸色苍白，身材短小，长有一个尖而突出的下巴——这个下巴后来被人称作哈布斯堡下巴，是这一家族的象征。他为人沉默寡言，但狡诈多智，善于权谋。

在马克西米利安一世病死前，哈布斯堡家族就开始为未来的竞选准备了，首先是筹集足够的金钱收买选帝侯。此时，马克西米利安一世想到了当时著名的银行

① 传说中生活在约6世纪的骑士之王、统治不列颠的王者及“圆桌骑士团”的首领。
② 传说中亚瑟王的圆桌骑士之一，被誉为“第一骑士”，他与亚瑟的王后桂尼薇相恋使他背叛了亚瑟王，导致圆桌骑士团分裂。

家家族——奥格斯堡的富格尔家族。富格尔家族自15世纪以来，通过近一百年的经营，已经成为当时欧洲最大的豪富之家。他们通过创新理财方式、向王侯提供贷款获取专营权等手段，控制了日耳曼、西班牙、奥地利等地的采矿业及各种贸易，以至于当时“富格尔”这个名字成了高利贷的代名词。据估计，当时富格尔家族的财产接近200万古尔登金币①。当年马克西米利安一世大婚时，由于王室财政紧张，他的父亲腓特烈三世便是从乌尔里希·富格尔手中借了一笔钱，用来支付婚礼各种花销的。

◎ 查理五世

1517年8月，富格尔家族银行的安特卫普分行经理沃尔夫·哈勒尔前往西班牙，与查理进行密谈后达成了“一旦查理参选，富格尔家族就为其提供45万古尔登金币贷款”的协议。同时，在与西班牙的大贵族们讨价还价后，卡斯蒂利亚议会也同意三年内筹集60万杜卡特金币②用来支持卡洛斯一世。

◎ 古尔登金币

马克西米利安一世这样告诉他的孙子，只有更多的钱才能解决问题，因为钱是“润手膏”。他对此深有体会，他在位期间，一直负债累累，他一次又一次向银行家借贷，一次又一次将自己的皇宫及礼拜堂抵押。有时为了参加庆典，他甚至需要借用行头，以至于被称作“穷鬼马克斯”。他常说的一句话是：“宁愿当有所作为的

◎ 杜卡特金币

① 又称莱茵盾，每枚含19克拉黄金，合3.8克。
② 威尼斯人铸造的金币，每枚重3.5克。

奥地利公爵，也不愿当一名无用的德意志王。”威尼斯的外交官这样评价马克西米利安：“皇帝需要钱，为了一个古尔登金币他可以无所不为。”马基雅维利的评价更为尖刻：“就算整个意大利的白杨树树叶都变成黄金，他也会入不敷出。”雅各布·富格尔则洋洋得意地说：“我把皇帝攥在了我的口袋里。”

马克西米利安一世亲自写了一封信给查理：“选帝侯们期待的不是汇票，而是现金！不要给他们选举后才能兑现的汇票，而应立即付给现金。”同时，他亲自出面通过各种利益交换将勃兰登堡、美因茨和巴拉丁的选帝侯争取过来。

此时，教皇利奥十世也介入了皇帝选举。这位教皇出自著名的美第奇家族，原名乔凡尼·迪·洛伦佐·德·美第奇。利奥十世的父亲洛伦佐是佛罗伦萨历史上最为杰出的统治者，也是文艺复兴时期最慷慨的艺术赞助人，人称“豪华者”洛伦佐，是他第一个发现了米开朗基罗的艺术才华。马基雅维利所撰的史学名著《佛罗伦萨史》中讲述的历史也止于1494年——洛伦佐去世的那一年。马基雅维利给洛伦佐的评价是：“（他）享有上帝和命运之神赐给他的许多恩惠，他的所有事业都发展得很好，他的敌人则常遭不幸……他在政务会议上善辩，发言敏锐，他英明果断，执行力强。他贪图女色，喜欢同滑稽且好讥讽的人在一起……凡是知道他严肃的一面和欢乐的一面的人，都会发现他身上存在着互不相容的两种性格……在佛罗伦萨，甚至在全意大利，从没有一个人像他这样聪明，也没有一个人的去世能引起这样普遍的哀痛……”

◎ 雅各布·富格尔

利奥十世登基时，颇受民众爱戴。一位银行家在其登基时，在车顶刻了这样一句话：“一度是爱神（指亚历山大六世）统治，其后是战神（尤里乌斯二世），现在则由智慧之神管辖。”

当时，利奥十世身处两大强敌之间，只有依靠智慧来确保教皇国的独立。最初，他害怕已经拥有整个南意大利的查理五世威胁教皇国的安全，因此倾向于支持法国国王。他授予弗朗西斯一世“最笃信天主教的国王”头衔，同时允诺只要选帝侯中的三位教会代表投票支持法王，他将给予科隆大主教、特里尔大主教以红衣主教头衔，并给美因茨大主教以教廷使节的荣誉。

不过，利奥十世也清醒地认识到，不

◎ *教皇利奥十世*

管是谁胜利，教廷的独立和意大利的和平都会面临极大威胁，他选择支持弗朗西斯，只不过是因为弗朗西斯看上去没有查理那么强大。教皇虽然无力统一意大利，却有足够的力量阻止别人去统一它。当利奥十世发现法王的竞选给德意志大小诸侯带来极大威胁后，为了阻止查理当选，他又企图怂恿萨克森选帝侯“智者”腓特烈参选皇帝，并答应为其拉票，不过，腓特烈明智地拒绝了。

金钱决定了结局。法王弗朗西斯筹集了72万杜卡特的巨款。但查理做得更好，他最终从银行家手中筹集到了85.1万杜卡特，其中，富格尔家族提供了54.3万杜卡特，另一银行世家韦尔泽提供了14.3万杜卡特，热那亚和佛罗伦萨的银行家一共提供了16.5万杜卡特，这笔巨款被用来收买选票。在1519年6月28日的选举大会上，七大选帝侯一致选举查理为神圣罗马帝国皇帝。作为交换，巴拉丁选帝侯得到了18.9万古尔登，美因茨选帝侯拿到11.3万古尔登，虽然萨克森选帝侯“智者”腓特烈声称其保持独立，但仍接受了7万古尔登的贿赂。

1520年，查理在查理曼帝国古都亚琛的大教堂祭坛前，将身体展开成十字形，以表示服从天主教的教义。涂过圣油后，他接过宝剑、权杖和帝国金苹果。自此，西班牙国王卡洛斯一世也是神圣罗马帝国的皇帝。

查理之所以能登上皇帝宝座，富格尔家族厥功至伟。雅各布·富格尔四年后曾给查理写了一封信：“众所周知，没有我的赞助，陛下是得不到罗马帝国皇冠的。”当然，富格尔因为这次投资也获得了巨大的回报。查理在位期间，富格尔家族获得了三个骑士团领地的岁入以及瓜达尔卡纳尔的银矿和阿尔马登的水银矿的控制权。

年仅19岁的查理就此成为一个横跨欧、非、美三大洲的庞大帝国的主人，他拥有冗长的头衔：神圣罗马帝国皇帝、罗马国王、意大利国王、西班牙①国王、两

① 卡斯蒂利亚、阿拉贡、莱昂、纳瓦拉、格兰纳达、托莱多、巴伦西亚、加利西亚、马略卡、塞维利亚、科尔多瓦、穆尔西亚、哈恩、阿尔加维、阿尔赫西拉斯、直布罗陀、加那利群岛。

◎ 大胆查理之死

◎ 大胆查理

西西里国王、那不勒斯国王、萨丁尼亚与科西嘉国王、耶路撒冷国王、东印度群岛国王、西印度群岛国王等三十几个头衔。

这个帝国广阔无垠，人们说太阳永远不会在其领地上落下。但这帝国却有隐患：结构松散，各个属地都是独立的政治实体。查理只能以个人名义，运用强有力又不乏灵活的手腕统治不同领地。在亚琛加冕时，选帝侯们便这样警告他："请记住，给你这个皇位，不是因为你生来就拥有这种权力，也不是因为你有继承权，而是因为这是德意志各诸侯和选帝侯的意愿。"相反，他的对手弗朗西斯一世及之前的历代法王却早已通过剪除诸侯领地，实现了专制集权。

法兰西包围网——宿命之敌的最初对决

罗马，世界的首脑，它统管着全世界。

——《金玺诏书》的印章铭文

沉甸甸的皇冠意味着更多的义务，正如查理五世的首相加蒂纳拉对他说的：“上帝把你送上了建立一个世界君主国的道路。”对天主教会来说，皇帝是耶稣基督的代理人，由圣彼得的继承者加冕授予了最高世俗权力，其他各国的君主都应服从皇帝，皇帝可以授予其他世俗君主“国王”的称号。虽然皇帝拥有最高世俗权力一直受到质疑与挑战，但长期以来，除了神圣罗马帝国皇帝，欧洲各国君主一直无人使用“陛下”这一尊号。

在加蒂纳拉的影响下，查理认为自己作为天主教的保卫者，拥有统治全世界的权力，这一权力是由上帝赋予的。帝国权力的中心在意大利，意大利各国和全体天主教王侯的支持能确保皇帝成为全世界的道德和政治领袖。皇帝将为基督徒间的和平，为保卫天主教不受穆斯林和异端分子的侵犯而战斗。查理五世曾这样表示自己的决心：“朕决心用朕之王国和领土，朕之朋友、朕之身躯、朕之鲜血、朕之生命及朕之心灵来捍卫它（天主教信仰）。”

不过，查理五世作为有史以来最强大的神圣罗马帝国皇帝，其力量根源并非来自德意志，而是来自于西班牙本土的强大步兵、佛兰德尔地区的纺织业以及源源不断从美洲运来的黄金白银。他将利用这些强大力量实现世界君主的梦想。

查理的世界帝国计划由三部分组成：第一，复兴神圣罗马帝国，将分散的德国诸邦统一在皇帝之下；第二，通过纯洁天主教会，维护天主教的绝对正统地位，进而建立一个政教合一的欧洲帝国；第三，维护哈布斯堡帝国的完整，不允许丢失任何一块领土或属地，并在此基础上完善和扩大哈布斯堡帝国的版图。为了实现这一目标，在之后的四十年里，查理五世将与法国、奥斯曼以及德意志的新教诸侯一直战斗。

让我们将视线转回法国，弗朗西斯一世争夺帝国皇冠失败后，就陷入了一个尴尬的境地，查理五世凌驾于其王冠上。不过，他拥有当时欧洲最专制的君权。在法国所有诏书文件的末尾，都有这样一句话“因为这就是朕的意志”；他不再依靠大贵族施政，而是建立了“国务秘书”制度。弗朗西斯一世统治时期，这一群体达到120人，他们为国王处理各类国务文书，是国王加强君权的有力臂膀。国王还可以直接任命众多的高级教士，并动用教会的财产，教士应无条件赠与国王其每年岁入的十分之一，而民事诉讼的管辖权也从教会法庭被转移到国王法庭。

法兰西王权的强大肇始于查理七世。在查理七世统治时期，王室建立了20个敕令骑士连队，每个连队包括100名敕令骑士、600名辅助人员[①]。同时，法王命令国内每50个家庭出1人参加射箭训练，从而建立起约2万人的常备步兵部队，之后又组建了一支拥有120门大炮的炮兵部队。

---

① 100名军械员、100名长矛步兵、100名青年侍从、200名弓箭手和100名战斗仆从。

法王维持这些常备军的开支从征收的人头税中支取。此外，法王还经常雇佣热那亚弩手及瑞士长矛兵参与战争。

正是依靠这支强大的武装力量，查理七世时期，法国肃清了诺曼底的英军，结束了百年战争。为了歌颂其功绩，人们为查理七世铸造了一枚纪念章，上面的铭文为："光荣与和平归于你，国王查理，永恒的歌颂也归于你。狂暴的敌人已被击败；蒙基督之箴言和法律之襄赞，你的功绩再造了这个曾经受深重危机的王国。"

随着王权不断加强，在法兰西的领土上，纳税已经成为一种义务，而不是好心的捐赠。在法语中，"税"（impots）这个词本身便带有强迫的意思。查理七世时期，王室绕过三级会议，直接向百姓征收人头税，随后税种不断增加，征税力度也不断加强。查理七世死时，法王能够从平民中征得的税款不过120万里弗尔①，到弗朗西斯继位时，已增至530万里弗尔。

神圣罗马帝国的军事力量主要依靠临时征募。皇帝通过授予爵位、特权和赠予礼物等手段来换取诸侯的战备支持，各个大主教、大小领地的世俗爵爷根据份额提供不同数量的兵员和军费，其中，波希米亚国王以提供400名骑兵和600名步兵位列首位，最少的伯爵和男爵仅提供1名骑兵、1名步兵和8个古尔登的军费。

◎ 法王查理七世

不过，当时的情况对弗朗西斯一世的野心来说极为不利：法兰西的领土被查理五世所统治的帝国团团包围着。法兰西西边的阿拉贡与卡斯蒂利亚王国，南边的那不勒斯王国，北边的原勃艮第公国已经全部奉查理五世为君主，德意志和意大利的大小诸侯又是查理五世的封臣，从而对法兰西形成了一张全方位的包围网。查理五世当选为神圣罗马皇帝后，围绕着谁是欧洲的主人，很快便与弗朗西斯一世展开了一番争斗。而且，双方本身就因领土继承问题有着极深的矛盾：查理五世要求统治勃艮第，因为此领土乃是其祖母留给他的采邑，而弗朗西斯则认为西班牙所属的纳瓦拉应该属于封臣亨利·德·阿尔伯特。

因此，弗朗西斯一世准备运用一切手段去反对查理五世。他曾经对大臣这样说道："你们知道他（查理五世）的帝国边境离这儿有多远吗？只有40英里！"他始终致力于打击哈布斯堡，并由此确立了此后两百年间法国对外政策的传统。

争夺帝国皇冠失败后，为了削弱查理五世的统治基础，弗朗西斯一世支持西班

① 法国的古代货币计量单位，在实际流通中没有与其同值的硬币。实际流通的货币为索尔，属于银币，1里弗尔相当于1金埃居，约4.53克黄金。

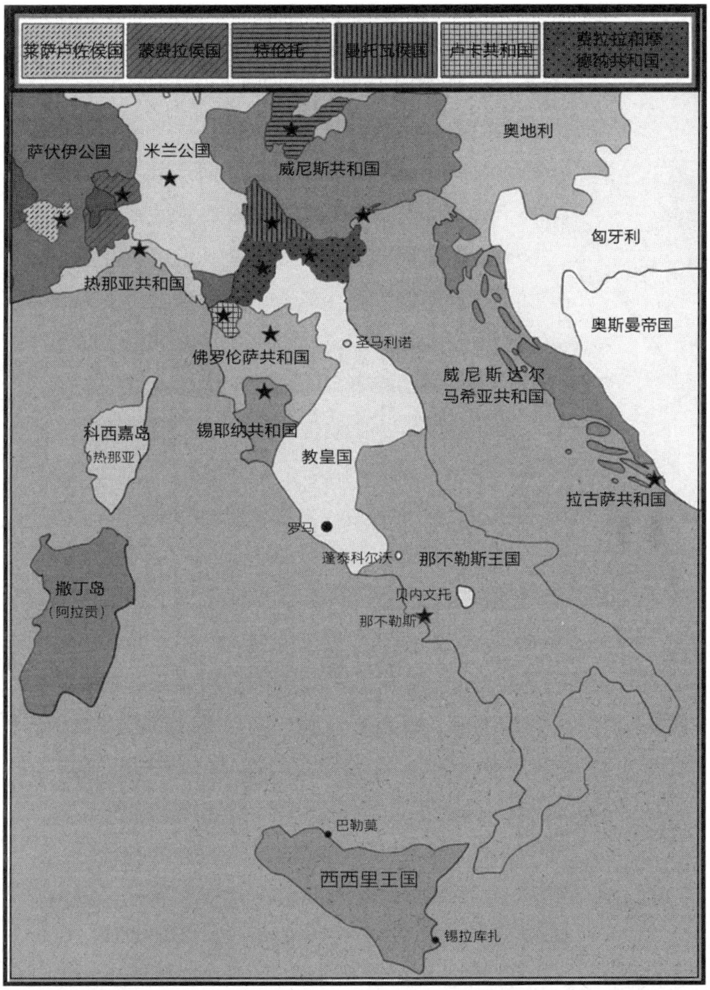

◎ 意大利形势图

牙的城市起义，给查理五世制造了不少麻烦。查理虽然是西班牙的国王，但他并不了解西班牙国情，甚至不懂西班牙语，他的宫廷内充斥着来自佛兰德斯的官员。他施政的精力也主要放在欧洲争霸战争上，西班牙对他来说更像是提款机。他的政策极大损害了西班牙人的利益，导致普遍不满，因为对西班牙人来说，西班牙王冠远胜于帝国皇冠。

还在查理五世竞选皇帝期间，他便遭到了广泛的反对，西班牙贵族反对他到德国继承帝位。1520年，查理为了加冕，又决定增加税收，西班牙人极为不满，各地很快便爆发了城市暴动。绝大多数城镇居民都反对他，贵族们则作壁上观，查理留在卡斯蒂利亚的摄政王乌德勒支的哈德良被驱逐出巴利亚多利德，起义者还拥立被软禁的"疯女"胡安娜为主。直到1522年，这场起义才被镇压下去。不过，西班牙的暴乱仅是两位帝王交锋的次要战场。为了突破查理五世的包围网，弗朗西斯一世再次将视线转向了历代法王均梦想征服的意大利，那是哈布斯堡家庭最薄弱的一环。弗朗西斯一世的目标是通过争夺对意大利的控制权，打击查理五世，确保法国边界安全，构筑有利于法国的欧洲大陆均势。而此时，查理五世也将目光投向了意大利，因为这里是法国柔软的腹部。

当时，意大利的形势是这样的：南部的那不勒斯在查理五世掌中；中部的教皇国实力已经大减，只能依靠上帝的招牌继续纵横捭阖在各大强国之间；其他诸如米兰、热那亚、佛罗伦萨等小国虽然经济富裕，但政局混乱，实力不强，是神圣罗马帝国皇帝与法兰西国王争夺的重点。其中，米兰尤为重要，该城邦位于意大利北部的波河流域，土地肥沃，物产丰饶，地理位置极佳。在查理五世看来，米兰可以成为帝国的战略中心，将西班牙、南意大利及北方领土连接起来。

◎ 瑞士方阵

◎ 弗朗西斯一世在马里尼安战场

◎ 马里尼安之战

1515年，登上王位不久的弗朗西斯一世便追随法王查理八世和路易十二的脚步，挥师攻入意大利，目标是米兰。双方阵营都有雇佣兵，法军的步兵主力是德意志长矛兵，米兰则雇佣了大量瑞士人。瑞士雇佣兵一开始估计弗朗西斯一世将从塞尼山口或是热内夫山口（当时的阿尔卑斯山有20多个山口）进入意大利，于是驻守苏萨，等待法军越过山口后将他们堵截在平原地区。没想到的是，法军选择了另外一条不常通行的山口。这年8月，法军通过阿尔让蒂埃尔山口越过阿尔卑斯山脉，包抄了瑞士人的后路，逼迫瑞士人向米兰方向后退。9月13日，在离米兰城9英里处的马里尼安，法军与米兰公爵斯福扎雇佣的2.5万名瑞士人狭路相逢。

瑞士雇佣兵是当时欧洲最为精锐的步兵，以军纪严明、训练有素著称。一个瑞士步兵方阵一般由6000多人组成，横排85人，列70排。方阵的核心是长矛组成的钢铁屏障，长矛长达6米，其枪尖便有近1米长，以防止敌人砍断；侧翼是戟兵，可打落敌人的长矛并将骑兵勾下马来；方阵的中心及后方是弩手及火绳枪手。

战斗开始后，瑞士人手持长矛排成方阵率先向法军发起进攻。虽然战场中农田的纵横沟渠迟滞了瑞士人的脚步，但他们还是很快击败了法军阵营中的德意志长矛兵——作为瑞士人的效仿者，德意志长矛兵的训练及指挥总是逊色一筹。见形势危急，年轻的法国国王亲自率领近卫军投入战斗。他一往无前，手持长矛向瑞士方阵冲去，近卫军紧跟其后。厮杀了整整一个小时后，法军稳定了战线。

决定胜负的关键还是炮兵。当时，法军炮兵在查理·德·波旁元帅的指挥下，充分发挥了野战加农炮的威力。法军炮兵先用大炮猛轰瑞士人一侧，其后又迅速转移至另一侧猛烈轰击，给瑞士人带来了极严重的伤亡。次日，法军盟友威尼斯人突然出现在瑞士人的后方。在前后夹击下，瑞士人大败，损失了近1万人。自此之后，瑞士人被迫同意今后只能参加法军一方来作战。

不久后，法军攻入米兰，俘虏了斯福扎公爵，并连下皮亚琴察、帕尔马等地。弗朗西斯一世在博洛尼亚与教皇利奥十世会晤，教皇专门为其准备了歌剧、宴会和拉斐尔的一幅圣母像，两人相谈甚欢，并签订了条约。

◎ 查理·德·波旁

教皇同意法国国王有提名法国教区主教和修道院院长的权力，从而为法王在其境内可以凌驾于教权上扫清了道路。作为回报，法王保证美第奇家族继续统治佛罗伦萨。在利奥十世的安排下，美第奇家族中的乌尔比诺公爵洛伦佐迎娶了弗朗西斯一世的堂妹、出身于波旁家族的玛德琳公主。洛伦佐与玛德琳于1519年生育一女，取名凯瑟琳，后来成为法国国王亨利二世的王后。凯瑟琳王后在法国历史上留下了极其深刻的影响，她为法国带来了意大利的风尚，比如占星术、毒药的使用、击剑比赛以及美食。

马里尼安战役大胜后，弗朗西斯一世赢得了“骑士王”的称号。按惯例，在战场上勇猛善战的人都要被国王封为骑士，但在马里尼安的战场上，弗朗西斯一世作为拥有最高地位的领主，却跪在手下贝亚尔骑士面前，请求借助其骑士之手封他为骑士。最初，贝亚尔惊诧不已，但在弗朗西斯的一再坚持下，贝亚尔解下剑来，说道："吾之宝剑，已成万代不朽之宝，已获得至高无上的荣誉。今日，一位英俊威武的国王因此剑而成骑士。自此之后，除非奉命征讨土耳其、摩尔以及萨拉森，吾再也不敢拔出此剑。"

查理五世为了使哈布斯堡王朝取代法国在欧洲大陆的霸权，展开了一系列外交攻势。1520 年，查理五世来到坎特伯雷，与英王亨利八世商讨共同讨伐法国的事宜。亨利八世意图借与查理五世结盟重新获得其先王在法国北部的领土。

教皇利奥十世本来摇摆不定，但驻守在意大利的法军骄纵跋扈，侵犯了他的利益，使他再也无法忍受。1521 年 5 月，他与查理五世签订秘密条约，约定 11 月共同出兵。

各地密探传来的消息使弗朗西斯一世坐立不安，他决定先发制人，在查理五世的联军组建完成之前先击败查理。1521 年，查理五世治下的卡斯蒂利亚爆发了大规模饥荒，到处都是饿殍。弗朗西斯一世认为是个好机会。这一年秋天，法军发起攻击。

法军先后在纳瓦拉、尼德兰、意大利三地发动攻势，意大利仍然是双方交战的重点。这场战争也成为瓦卢瓦王朝与哈布斯堡王朝争霸欧洲的战争，持续了弗朗西斯与查理的几乎所有统治时间，因此也被称作"弗朗西斯一世与查理五世的战争"。结果，法军全线失利，纳瓦拉和尼德兰的攻势均被挫败，意大利、米兰、帕尔马、皮亚琴察等地的法军也被联军驱逐。

正当查理五世与弗朗西斯一世在意大利打得不可开交时，他统治下的德意志新教诸侯却乘机兴风作浪。贵族既不满皇帝扩张权势，又对教皇插手德意志事务、利用贩夫走卒虔诚的宗教信仰聚敛钱财感到愤怒。当时的德意志被称作"教皇的奶牛"，教皇通过贩卖赎罪券大肆搜刮金钱，其收入远甚于皇帝在德意志征收的赋税。

在德意志，神圣罗马帝国皇帝拥有一个帝国议会，但也仅仅是拥有而已。德意志的土地上星罗棋布着大小贵族的领地、教会领地以及自由城市：30 个大诸侯领地、50 个教会领地、2000 多个骑士领地和 80 个自治城市。这些诸侯既不和平相处，也不共同对抗外敌。皇帝的一贯政策只能是尽可能扩大王室的直属领地。

1517 年万圣节，马丁·路德公开了《九十五条论纲》，自此掀开了德意志宗教改革运动的序幕。教皇为此大发雷霆，用尽一切手段企图使马丁·路德改弦更张，但马丁·路德不为所动，而是继续发布一篇又一篇改革教会的檄文。

马丁·路德的活动得到了德意志许多贵族的支持，皇帝有罗马教皇的教权背书，贵族们也需要有自己的教权来对抗皇权。其实，他们对教义并无太多兴趣，他们所关切的是摆脱主教的控制及夺取支配权，一旦接受新教，他们便可成为自己领地绝对的领袖，同时攫取教会积攒的大量财富。七大选帝侯中的萨克森选帝侯、巴拉丁伯爵和特里尔大主教公开庇护马丁·路

◎ 马丁·路德在沃尔姆斯帝国议会

德。路德的思想在德意志迅速传开，查理五世的弟弟斐迪南在给其兄长的信件中这么写道："路德的思想，深植于整个帝国，一千人中没有一位能免于受他的影响。"甚至查理五世的姐姐伊莎贝拉也成了路德的信徒。

为了应付帝国东西两面的威胁和内部日益滋长的新教势力，查理五世让弟弟斐迪南为奥地利大公，负责德意志方面的事务。他将自己德意志领地（奥地利、卡林尼亚、卡尼奥拉、施蒂里亚和蒂罗尔等5个公国）的一切权力都让与斐迪南，以期这个由政治拼盘组织起来的帝国维持表面上的暂时统一。

1521年，帝国议会在沃尔姆斯开幕，出席会议的有皇帝及其大臣，外加7位选帝侯、28位公爵、30位高级教士。路德也被要求出席此次会议，皇帝希望他放弃其宗教改革的事业，从而弥合分裂的教会。但路德并不同意，他已经做好了与天主教会决裂的准备。他坚定地表示了他的信仰，宣称自己既不相信教皇，也不相信宗教会议，他的良心只受上帝支配。

路德得到了皇帝的许多近臣以及德意志强有力的几个诸侯的支持，据说当时有400位贵族发誓要保护路德。在路德斩钉

◎ 西班牙火枪手

截铁般表示决不妥协后，帝国议会的会场顿时陷入混乱，对立双方展开了激烈辩论。最终，查理五世发布敕令，宣布对路德采取行动，禁止其学说。同时，皇帝召见教皇的特使，准备取消对路德的人身保护令。但是，路德在萨克森选帝侯弗里德里希的保护下离开沃尔姆斯，去了安全之地。

1521年冬，教皇利奥十世去世，查理五世将其家庭教师哈德良扶上教皇宝座，是为哈德良六世，这使法国人所处的境地更加不利。次年春，不甘失败的弗朗西斯一世再次攻入米兰。查理五世的西班牙军匆忙前去支援，双方在比柯卡相遇。西班牙指挥官科隆纳命令军队筑起堑壕据守阵地，迎战法军。

法军最初的计划是切断西班牙人的补给线，迫使西班牙人离开阵地，随后再用骑兵攻击。但法军阵营中的瑞士雇佣兵擅自发起了攻击，8000人排成两个方阵向西班牙人冲去。

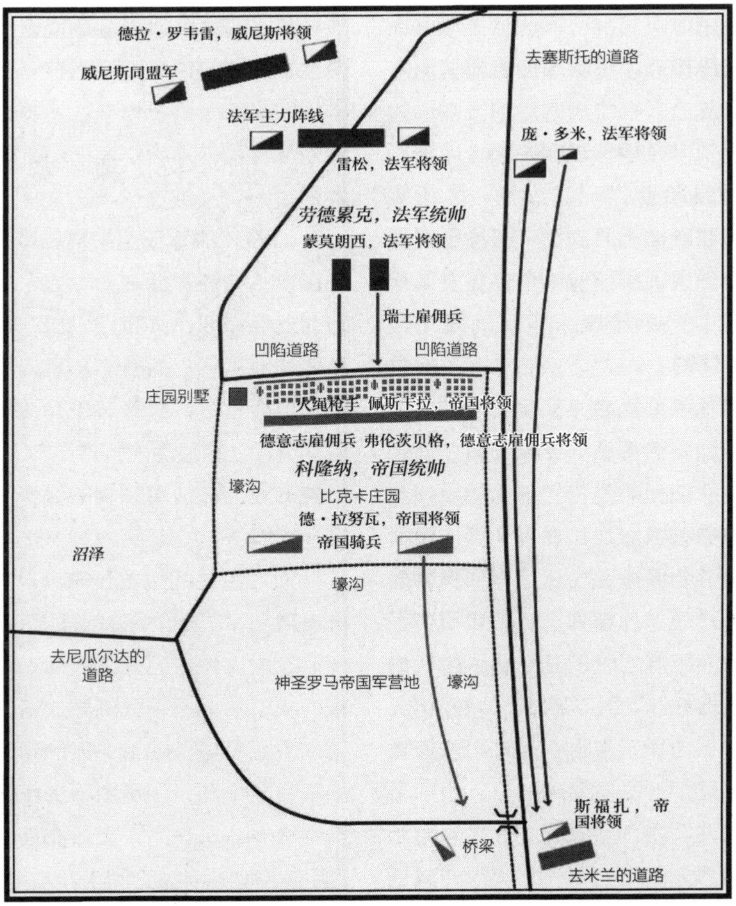

◎ *比柯卡战役形势图*

此时，西班牙人已建起胸墙，胸墙背后是四排火枪兵，之后是德意志长矛兵，同时还布置好了炮兵阵地，炮兵火力能够覆盖整个防御正面。

瑞士雇佣兵在攻击过程中遭到西班牙大炮和火枪的无情攻击。当时，西班牙人装备的重型火绳枪“穆什卡特”能够洞穿射程范围内的一切铠甲。瑞士雇佣兵好不容易冲到胸墙前，又遭到德意志长矛兵的无情攻击。结果，瑞士人大败，损失了5000人。自此之后，瑞士雇佣兵一蹶不振。

比柯卡的惨重失败使得法王被迫放弃了伦巴第和热那亚，法国人的势力从意大利被赶了出去。

这才是弗朗西斯一世噩梦的开始。1523年，教皇哈德良六世去世，继任教皇仍然是查理五世的盟友——出身于美第奇家族的朱里奥·德·美第奇，是为克莱芒七世，他是美第奇家族所出的第二位教皇。与此同时，功勋卓著的法军元帅查理·德·波旁因受政治迫害而被迫逃亡，法军损失了最好的将领。更悲剧的是，这位名将加入了敌人阵营。

波旁公爵的叛变现在看来简直是场闹剧。他的妻子苏珊娜曾经从其母亲那里继承了一大笔财产，苏珊娜母亲的遗嘱内写道：“如果苏珊娜死时没有子嗣，这笔财产要捐献给王室。”而苏珊娜在1521年去世时，却留下遗嘱，声明该笔财产归其丈夫所有。于是，王室便要求执行苏珊娜之母的那份遗嘱。为了夺取遗产，弗朗西斯一世那孀居已久的母亲——萨伏伊的露易丝（时年51岁）甚至愿意下嫁给波旁公爵（时年31岁），但波旁公爵断然拒绝了。于是，国王向法院施加压力，判决剥夺波旁公爵所有财产。查理五世得知此消息后，立刻向波旁公爵伸出了橄榄枝。权衡再三后，波旁公爵只身投靠查理五世，并出任其军队元帅。查理五世许诺将帮助他在法国南部建立一个波旁王国，为了表示诚意，还将自己寡居的妹妹、前葡萄牙王后埃莉诺许配给他。

1524年7月，波旁公爵率军与西班牙名将佩斯卡拉侯爵一起攻入普罗旺斯，包围马赛。弗朗西斯为筹措反击的军费甚至变卖了王室的银器。好不容易击退波旁公爵后，弗朗西斯一世乘胜追击，于当年亲率4万大军越过阿尔卑斯山，再次攻入意大利。

10月，法军攻至帕维亚城下。这座城市在米兰与热那亚之间，曾为伦巴第王国的国王居住地，14世纪以来，在维斯孔蒂家族的经营下，拥有了一系列华丽的建筑物，富丽堂皇，气象万千，彼得拉克称它为“现代艺术最辉煌的产品”。但是当时，精美的建筑被法军倾泻的炮弹所摧毁，城内一片狼藉。

面对法军的炮击，守军奋力抵抗，多次击败法军进攻。法军曾试图掘开提斯诺河，放水淹城，但并未成功。由于进攻受挫，法军不得不采取围城战略。双方都修建了大量堑壕。随着冬天的到来，形势对法军日渐不利，法军中不少雇佣兵开了小差。法军减员严重，士气低落，仅剩不到2万人：9000名意大利人、5000名瑞士人、4500名德意志人以及1300名法国骑兵。

查理五世方面，来自波旁公爵、西班牙、那不勒斯以及德意志的援军源源不断赶来。1525年2月24日夜间，神圣罗马帝国的军营突然杀声震天。法军一头雾水，以为敌军将要出城决战。其实这只是佩斯卡拉侯爵的疑兵之计，他命令3个军团的德意志雇佣兵在军营发出声响以吸引法军注意力，自己则指挥汇集于帕维亚的各路援军总计2万人在暴风雪的掩护下发动总攻。他们绕过法军堑壕的远端，将部队布置为纵队阵型，与法军形成了一个直角。之后，西班牙军开始布置防线。

◎ 佩斯卡拉侯爵

清晨时分，弗朗西斯一世终于得知西班牙军动向。由于担心西班牙军会攻击自己尚未形成战斗队形的零散部队，他立刻命令骑兵发动攻击，以掩护其他部队集结，并完成战斗队形。同时，弗朗西斯一世命令预备队加强侧翼，德国雇佣兵向右翼集合，瑞士雇佣兵则向左翼移动。但此时，他姐夫阿朗松公爵查理指挥的法军右翼已被敌军分割开来，法军一开始就陷入了不利境地。

◎ 弗朗西斯一世率领骑兵冲锋

◎ 帕维亚战役

西班牙人将火枪兵布置在阵地的两侧，中间则是骑兵及长矛兵。虽然法兰西骑兵战斗力依旧极强，在弗朗西斯一世的指挥下，很快冲破了西班牙骑兵的阻拦，但他们却在西班牙重步兵密集如林的长矛前止住了脚步。面对西班牙火枪兵不停歇的齐射，法军阵营中的瑞士雇佣兵也停了下来。付出惨重的伤亡后，瑞士雇佣兵最后溃逃。法军在前后夹击之下纷纷溃散，弗朗西斯及其近卫骑兵被困在一处猎场。在树林内，骑兵们的好武艺完全无用武之地，只能成为西班牙火枪兵的猎物。西班牙火枪兵利用树林作掩护，连绵不断射子弹，法国骑士纷纷中弹倒地，损失惨重。

虽然弗朗西斯勇武过人，所乘战马中弹倒地后仍持剑作战杀死不少敌兵，但也无法改变兵败如山倒的局面。被团团包围后，弗朗西斯只得缴械投降。被俘后，他在母亲的信中写道："除了荣誉之外，一切都已付诸东流。"

不虔诚的同盟——鸢尾花与新月的结合

帕维亚战役以查理五世大获全胜结束。战败的法兰西则面临一场空前危机——军队遭到重创，国库已经枯竭，到处人心惶惶。连英国国王亨利八世也趁火打劫，扬言要恢复昔日在法国的势力。

得知战胜法军、俘虏法王的消息后，查理五世所做的第一件事便是进入寝宫，跪下向上帝祷告。他的霸权之路似乎非常顺利。他派驻在英国宫廷的大使这样说道："此时此刻我们可以说，世界现已掌握在陛下的手中。"但是，日后的事态发展并没有如查理五世料想的那样。法国并没有接受查理开出的条件，弗朗西斯一世的母亲露易丝断然拒绝，并声称宁愿战斗到最后一人。

此时，弗朗西斯一世被转移到马德里附近的一座古堡。为了获取自由，弗朗西斯放下身段，在致查理五世的一封信中写道："请相信，你释放我这个无用的俘虏，能使一个国王永远成为你的奴仆。"

不过，这只是一场表演，在这座荒凉的古堡中，面对冷冰冰的石墙，被囚的王者谋划着卷土重来。查理未能想到，弗朗西斯一世会做出这个惊世骇俗的决定。当时，正在中欧和地中海进行扩张的奥斯曼帝国给弗朗西斯带来了希望——只要土耳其人能够加入这场争斗，查理五世将陷入两线作战。

经过深思熟虑后，弗朗西斯一世决定与天主教的敌人、奥斯曼土耳其苏丹苏莱曼结盟。迈出这一步是需要极大勇气的，因为这意味着法兰西极有可能在整个天主教世界受到孤立。

1525年底，一位神秘的使者肩负着法王的重托踏上了征程。不幸的是，他行进至波斯尼亚便被杀了。但其作为全权使节所携带的信物国王戒指及信件还是辗转被送到了伊斯坦布尔。很快，弗朗西斯一世派出了第二位使节，为了防止消息泄露，这位使节将请求苏莱曼夹击查理五世的秘密信函藏于鞋底。最终，这位使者顺利到达伊斯坦布尔，并见到了苏莱曼大帝。当时的苏莱曼也急需在欧洲内部寻找同盟者。

◎ 托普卡普宫

奥斯曼苏丹统治下的伊斯坦布尔，无疑是当时世界上最美丽的城市。在普罗科匹厄斯时代，这里是被“水的花环”围绕的城市，在苏莱曼大帝时代，这是则是一个富饶的多元文化帝国的首都。当时有 40 万来自世界各地的人居住于此。这座城市的地平线上矗立着许多雕刻有精美花饰的白色尖塔，到处都是带有宽阔屋檐的层叠建筑和带有百叶窗的长廊。白墙下面，苍松在风中摇曳，海风为这座城市带来清新的味道。时人曾赞叹不已：“（这座城市）乃是天造地设的世界之都”，“它的灿烂辉煌令观察者目瞪口呆……全世界的人对它赞不绝口，人间没有任何东西能与其媲美”。

在奥斯曼人的统治下，拜占庭原本衰落颓废的都市公共建筑被整修一新，重新焕发了生机。干涸的水池和沟渠重新充满了清洌的水流，沉寂的工匠大街也再次发出了锤子敲打的欢快声音。商铺中应有尽有，充斥着来自世界各地的货物，包括来自中国的陶瓷、香料，俄罗斯的皮毛与琥珀，鞑靼人的弓箭和鱼子酱，以及来自非洲的黄金和黑奴。

苏丹所居住的托普卡普宫是穆罕默德一世时代修建的，建立在原君士坦丁堡的卫城上，能够俯瞰博斯普鲁斯海峡和金角湾，因为“震撼世界的苏丹必须将宫殿建在沙漠一样宽广的地方，如此他才能睥睨四方”。

苏丹的宫廷本身便是一座城中城，一共分为三重。第一重负责处理宫廷和城市事务。第二重是帝国的各个部门和档案馆，

◎ 苏丹的后宫

维齐尔的宅邸要求其主持公道。而法官则四处巡视，偷工减料的面包师一旦被发现，将会被处以极刑。

对奥斯曼帝国境内的数千万子民来说，苏莱曼不单单是“全体信徒们的主宰与真主先知的继承人”，更是“高尚的君主和宽宏正义的化身”。他以法律的形式提高了非穆斯林臣民的地位，轻徭薄赋，从而吸引了大批天主教民众投奔奥斯曼帝国甚至皈依伊斯兰。

以大维齐尔为首的各部首脑每周在此碰头讨论国家大事，而苏丹则隐身于一扇被称作“苏丹之眼”的小格子窗后面，注视着大臣们的表现。这扇窗后面就是最隐秘的第三重宫殿，号称“至福之所”。里面充满了来自世界各地的美女，鬓发如漆，香腮如雪，千般袅娜，万般旖旎。但这里却是一片寂静，苏莱曼苏丹为了展示自己的威严，同时也为了保密，下令仆人不得彼此交谈，一切沟通只能通过手语。

苏莱曼是这个当时强大帝国的中心，他的力量不断向四方辐射，如行星环绕恒星一般。苏丹无处不在，他经常伪装成一名骑兵隐藏在人群中。但最为重要的是，苏丹拥有无数忠诚能干的奴仆。他的统治依赖四根支柱：强有力的军队、高效的财务征收体系、公正的法官以及被称为“苏丹之足”的维齐尔制度。

当时，这套制度无疑极为高效公正，即使最卑微的百姓也能理直气壮地进入大

在奥斯曼帝国境内，世袭贵族对政治的影响远远达不到欧洲的那种情况。苏丹依靠他的奴仆统治帝国，这些人从小就被迫离开家，接受严苛的教育与训练，一旦被发现才华出众，便会一步登天手握大权。他们的地位、荣誉和财富都取决于苏丹。正是通过这些人，苏丹将权力遍及各地。

苏莱曼是奥斯曼帝国的第十任苏丹，他拥有的冗长头衔表明他所统治的领土和他在伊斯兰教里的无上地位。他不但是奥斯曼人的苏丹，还是伊斯兰教的哈里发，同时也是凯撒和万王之王。他能轻而易举派出十万大军，但他的欧洲对手们往往会为凑出一支像样规模的军队而绞尽脑汁，耗尽国库。

有一首诗这样描写苏莱曼大帝：

这片天赐国度中最高明的棋手

相较于他的伟绩，天下的疆土都显得狭窄

匈牙利的异教徒在他的刀锋下俯首

法国佬仰视着他宝剑的纹理

……

苏莱曼的后宫中佳丽如云，他至少有300名嫔妃。他看中哪位妃子，就在她肩上放一方手帕。晚上，这位妃子便到苏丹身前谢恩，次日将得到一件金丝衣服作为奖赏。在众多的佳丽中，马希德夫云（意思为福云）是苏莱曼的第一个妃子，她另一个名字叫居尔巴哈尔，意思为“春天的玫瑰”。她为苏莱曼生下的长子穆斯塔法，是最受苏莱曼宠爱且能力最强的一个儿子。

但苏莱曼最宠爱的女人无疑是许蕾姆，欧洲人称呼其为罗克珊拉娜。她出身于西乌克兰一个东正教牧师家庭，后被克里米亚的鞑靼人掳掠转卖到伊斯坦布尔，她的容颜举止令人叹为观止。一个偶然的机会，苏丹的宠臣——易卜拉欣帕夏遇到了许蕾姆，并立刻将她献给了苏丹。苏丹为之倾倒，赐名为许蕾姆，意思是“喜兴之人”，可见苏丹对其一见倾心。

苏莱曼苏丹为她创作了许多情诗，其中一首写道：

我寂寞壁龛的宝座、我的爱、我的月光

我最真诚的朋友、我的知己、我存在的理由、我的苏丹、我唯一的爱

美人中的美人……

我的春天、我面露欢快的爱、我的白昼、我的甜心、带笑的树叶……

我的绿树、我的芳香、我的玫瑰、这世上唯一不会让我悲伤的人

……

秀发亮丽的我的妻、蛾眉弯弯的我的爱、眼中充满淘气的我的爱

◎ 苏莱曼苏丹与宠妃许蕾姆

许蕾姆很快就依靠她的聪慧专宠后宫，并让苏丹为其打破了一妃一子的惯例。她为苏丹生下了5个儿子、1个女儿。这个狡黠聪慧的女人，深深影响着奥斯曼帝国的政局。苏莱曼大帝离开伊斯坦布尔期间，许蕾姆作为苏丹最信任的人，掌控了帝国首都的情报网络，她也凭借这个情报网，逐渐建立起自己的政治势力。

弗朗西斯一世的使者向苏丹说明法兰西面临的困境，希望能够得到苏莱曼的帮助，否则查理五世将会成为世界的统治者后，他得到了苏丹的积极回应，因为双方有共同的敌人——哈布斯堡帝国。

苏丹这样答复：“帝王战败与被俘丝毫不足为奇，因此要鼓起勇气，不要灰心。”同时承诺：“我不断征服诸省和强攻难攻的堡垒。我的马昼夜不解鞍，我的刀昼夜挂在身上。”此后，苏莱曼宣布，出于对弗朗西斯一世的怜悯，他决定同“流露出邪恶意图”的查理开战。1525年11月，被囚禁的弗朗西斯一世签署了一份信件，宣告将王位传给年仅8岁的长子弗朗西斯，由露易丝担任摄政；如果露易丝遭遇不幸，则由弗朗西斯一世的姐姐玛格丽特担任摄政。

一旦太子继位，原来

奇货可居的法王便将失去价值。与此同时，在德意志地区，农民战争的战火也将烧遍各个邦国、城市。查理五世被迫加快了谈判力度，于1526年1月与弗朗西斯一世签订了《马德里条约》。

条约规定，法国交出吞并的勃艮第领土，放弃佛兰德斯和阿图瓦的宗主权，割让阿拉斯、里尔、图尔等地。为确保条约得到执行，法王将交出自己的长子弗朗西斯、次子亨利作人质，并同意与查理五世孀居的妹妹——葡萄牙王后埃莉诺拉（她与波旁公爵的婚约没能成功）结婚。

弗朗西斯虽有种种缺点，但却是能屈能伸的雄主。在签订条约前，他曾写下一份诏书交给侍卫保管。诏书称，国王签署的一切条约、协议等文书，但凡与其本人荣誉及法兰西利益相违背的，均属无效。

5月17日，查理五世终于依约释放了弗朗西斯一世。弗朗西斯一踏上法兰西土地便跃上御马，高呼："我又是王了！"不久后，他就宣布在马德里签署的和约无效，同时继续整军备战。在之后的二十多年里，他与查理五世将继续展开一系列争斗。

没过多久，苏丹为了回应弗朗西斯一世的请求，便发动了针对匈牙利的征讨战争，并在摩哈赤战役中大败匈牙利军。之后，弗朗西斯一世又三次派遣特使前往奥斯曼，与苏莱曼商谈两国结盟事宜。经过漫长的谈判，法国于1535年向苏丹的宫廷派驻了第一位常驻大使，次年双方正式签订了《奥斯曼帝国与法国友好和商业条约》。至此，法土同盟正式形成。这是天主教国家与伊斯兰国家首次正式结盟，这也招来了无数虔诚基督徒的咒骂，将其骂作"鸢尾花与新月的渎神结合"，法土同盟也被世人称为"不虔诚的同盟"。

这个条约不仅具有军事意义，还具有商业意义。法国拥有发达的工商业，一旦打开东方的贸易市场，法国将获得极为丰厚的利润，从而为本国的争霸活动提供资金。

因此，条约这样规定：两国居民可以自由贸易和旅行，法国人在奥斯曼境内拥有治外法权及一系列贸易特权。同时，双方还敲定了军事上进行协作及今后共同作战的细节。

法土同盟形成后，查理五世不得不在地中海、意大利、匈牙利三线作战。这牵制了帝国的大量精力，因为"只要土耳其人骄横地站在匈牙利，相距维也纳150英里，哈布斯堡的军队就不能减少"。查理五世只能用毕生精力应对法国在帝国西部的战争和奥斯曼人在西地中海的威胁。他还不得不花巨资在意大利、西班牙沿海地区修建大量堡垒。

法国依靠土耳其人对哈布斯堡帝国的牵制，最终与哈布斯堡帝国实现大国均势，使查理五世在欧洲统一天主教的梦想破灭。三国新的关系，也使地中海成为三方角逐的疆场。

地中海作为被欧亚非三大洲包围的内海，以西西里岛和突尼斯之间的海峡为界分为东西两部分。西地中海沿岸的西班牙、那不勒斯都已是查理五世统治下的领土。东地中海，除了少数据点外，都被奥斯曼人牢牢控制着。在波涛汹涌的大海上，奥斯曼的舰队四处巡视，保护着挤满地中海

◎ 摩尔人海盗

东部海路、从各地前往麦加的朝圣者，以及来自埃及的谷物运输船。

1522年，医院骑士团守卫的罗德岛被奥斯曼人攻占，土耳其人的势力开始向意大利一带扩张。而且，苏莱曼苏丹得到了著名“海盗之王”巴巴罗萨·海雷丁的效忠。

当时的马格里布地区处于四分五裂状态，从杰尔巴岛到摩洛哥，各个港口城市都形成了势力强大的海盗集团。15世纪时，随着伊比利亚半岛的再征服运动的深入，原本的伊斯兰教小王国格拉纳达被灭，大量摩尔人为躲避西班牙人的报复，纷纷离开。在这场逃离运动中，许多来自希腊地区的水手驾驶着船只行驶在伊比利亚与北非之间，一边做劫掠生意，一边帮助摩尔人逃跑。其后，又有许多摩尔人加入其中，使海盗力量越发强大。这些带着仇恨的海盗四处劫掠他们能拦截到的一切天主教船只，同时袭击地中海北部沿岸地区。

海雷丁的老巢在阿尔及尔。阿尔及尔这座北非城市隐藏在岩石包围的半圆形海湾中，能够监视直布罗陀到东地中海、西班牙南部至意大利南部的最短航道，并加以截断。因此，这里在古罗马时代便是海盗们的一大巢穴，当时的海盗以此为基地出发，劫掠地中海中没有防备的商船，以至于庞培花了大力气才将他们剿灭。

为了遏制海盗，自1505年春开始，西班牙的军队便开始深入马格里布。1508年，西班牙人夺取瓦赫兰，1510年，又占领了的黎波里。不过，那时的西班牙人仅满足于在各个港口建立要塞，驻扎守军。

1511年5月，西班牙将领佩德罗·纳瓦罗夺取了阿尔及尔海港入口处的一个小岛，并在岛上建立了用作瞭望和炮击的佩尼翁要塞。至此，西班牙人的大炮距离阿

◎ 阿尔及尔旧城和佩尼翁岛示意图

尔及尔城仅有300米远，阿尔及利亚人无力对抗，只好臣服。

1516年，西班牙国王斐迪南去世。阿尔及尔的居民认为摆脱西班牙人的机会来了，但他们缺乏足够的武力，于是求助于著名的土耳其海盗奥鲁奇。

奥鲁奇一共有兄弟四人，他们出身于希腊米提利尼岛上的一个陶工家庭。奥鲁奇是长兄，老二则是前文提过的鼎鼎大名的巴巴罗萨·海雷丁，其余两个弟弟是伊勒亚斯与伊斯哈克。他们四人都是优秀的水手和海上劫掠者。

在当时的地中海世界，希腊一直是海盗的故乡。因为希腊连绵的高山、布满沼泽的峡谷、凶险无比的湍流和干涸的河床等天然障碍是构成陆路交通极其困难的条件。但希腊拥有漫长的海岸线和大量避风良港，因此海运成为希腊城邦主要的交通形式。

同时，希腊的土地贫瘠，无法供养大量人口，饥饿迫使人们乘船出海，搏击于惊涛骇浪之间。对希腊人来说，海盗仅是大海给予的一种生活方式。自“荷马史诗”时代始，海盗便作为一种高贵的职业被人们口口相传。《奥德赛》中的奥德修斯本质上就是一位伟大的海盗船长。在希腊人认知中，如果一个英雄不去劫掠，那他就不算真正的英雄。

奥鲁奇兄弟就成长于这样的环境中。不过，四兄弟刚开始当海盗，伊勒亚斯便在一次战斗中被杀，奥鲁奇则不幸被俘。但奥鲁奇很快越狱逃跑。之后，他纠集了一群海盗辗转来到突尼斯，以向当地的埃米尔奉献20%的战利品为条件，换取了杰尔巴岛的统治权。杰尔巴岛是个地势很低的岛屿，河道水位随潮汐涨落，岛上有成片的油橄榄树，盛产橄榄油。

在随后的岁月里，奥鲁奇将此岛经营为坚固的巢穴。地中海世界的海盗纷纷前来投奔，奥鲁奇凭借自身的勇敢与冷酷无情成了当之无愧的海盗之王。他的目光锐利，从不吝惜与人分享财物。虽然他在一次战斗中失去了一只手臂，但他残存的那只手却掌握着数十艘战舰、数千名海盗。海盗们称他为父亲（baba），而基督徒们则满怀恐惧地叫他巴巴罗萨（红胡子）。

后来，奥鲁奇接受了阿尔及利亚人的邀请，率领其海盗舰队（包括16艘战舰及6000名海盗）来到阿尔及尔港口海域。但他们的进攻遭受了挫折，西班牙驻守在城堡内的驻军用炮火击退了他们。奥鲁奇不

◎ 奥鲁奇

得不放弃了攻占要塞的计划。此时，阿尔及尔的居民不堪海盗们的骚扰，企图将奥鲁奇干掉。结果，奥鲁奇先下手为强，密谋者被处死，奥鲁奇宣布自任苏丹。

1516 年 9 月，奥鲁奇击败迭戈·德·贝拉指挥的西班牙远征军。其后，他又转向内陆，一路攻掠，夺取特莱姆森，占据王宫，废黜了当地统治者。特莱姆森作为马格里布中部地区的贸易中心，位于从奥兰通往撒哈拉绿洲以及向南到苏丹的南北大商路上，又与从非斯到伊弗里基亚的东西商路互相交叉，是欧洲—马格里布—西苏丹贸易的集中点。在大清真寺周边，来自欧洲的纺织品堆积如山，来自非洲内地的黄金和奴隶也辗转运输至此地。最繁荣时，这里一度拥有 4 万人口。不过此时，统治此地的扎扬王朝已经分裂衰落，沦为了西班牙人的保护国。

奥鲁奇的胜利十分短暂，西班牙人在当地土著部落的支持下，切断了他与阿尔及尔之间的交通线，并于 1518 年 1 月抓住并杀死了他的兄弟伊斯哈克。不久，奥鲁奇被围困在孤城中。他只能选择突围。在突围至里奥萨拉多附近时，海盗们被西班牙追兵赶上。当时，奥鲁奇已渡过萨拉多河，但他看到自己的后卫部队仍在对岸殊死作战时，他又返回重新投入了战斗，直至战死，时年 44 岁。此时，四兄弟仅存海雷丁一人了。

此刻，海雷丁正在阿尔及尔。奥鲁奇战死后，他继承了海盗首领的地位以及巴巴罗萨的称号。但当时的海盗集团可以说是四面楚歌，到处都是虎视眈眈的觊觎者，

◎ 海雷丁

仇恨的眼光。为了保护自己，海雷丁深知一座稳固靠山的重要性，他当机立断向奥斯曼苏丹塞利姆一世宣誓效忠纳贡。

奥斯曼苏丹一向善于利用治下爱琴海和黑海沿岸的居民所掌握的丰富海洋知识。他下令招募木工、商人和水手，并通过海盗活动积累他们的海战经验和组织能力。当征服者穆罕默德二世围攻君士坦丁堡时，奥斯曼海军已能动员 200 艘战舰。

塞利姆知道，如果他能掌握海雷丁海盗集团，就会极大增强海上实力，因此他决定全力支持海雷丁。有人曾对他说过："陛下，您住在一个受惠于大海的城市中，如果海面不安全，就没有船只前来。如果没有船只前来，伊斯坦布尔就会毁灭。"欣喜之余，塞利姆很快便向海雷丁提供了

◎ 塞利姆一世

大炮等作战物资，并授予他贝勒贝伊[①]的称号。

得到奥斯曼苏丹的支持后，海雷丁的海盗集团很快恢复了元气。伊斯坦布尔的造船厂为他提供了 61 艘新战舰，并帮助他在 1521 年再次攻占阿尔及尔。1529 年 5 月，实力得到大大增强的海雷丁再次向佩尼翁要塞发起进攻。经过三星期的炮击，海雷丁最终拔除了西班牙人在阿尔及尔城外的据点，又下令将佩尼翁要塞夷为平地。之后，海雷丁命令以被俘的天主教徒为劳力，在阿尔及尔港外建造了两条防波堤，大大提高了阿尔及尔的避风港地位。

在海雷丁的经营下，阿尔及尔成为基督徒心目中最为可怕的海盗之国。苏莱曼将地中海西部事务全部托付于海雷丁。海雷丁管理严格，海盗们纪律严明，训练有素，每个人都能坚守自己的岗位，一切行动都是为了能合理利用帆桨大船和二桅船。即使逆风航行，海盗们仍很敏捷。天主教徒拥有的那些装满货物的笨重大船，是海盗们狩猎的对象。海盗往往以接舷冲锋法攻击船只，掳走船员和货物。同时，他们也经常在查理五世的领土上登陆，蹂躏并洗劫村镇，将居民作为俘虏带走。

为了对抗有着“来自地狱之魔鬼”称号的巴巴罗萨·海雷丁，查理五世急需一名优秀的海军将领。虽然在那个大航海时代，西班牙人的航海术非常先进，取得了新世界美洲的统治权及无数的黄金白银，但在地中海的海上作战时，西班牙人依然无法与奥斯曼海军相抗衡。

于是，查理五世不得不借助热那亚人的力量。热那亚城市共和国曾是地中海当仁不让的霸主，拥有极其强大的海军，一度垄断了地中海的贸易，成为当时最为富庶的城市。不过，与威尼斯人的长期争斗、被崛起后的土耳其人打击，使得热那亚损失惨重。

当时，热那亚人刚从法国人的占领下摆脱出来，并与西班牙人结盟。西班牙人得到热那亚水手帮助的同时，也得到了一位优秀的海军将领安德里亚·多利亚。安

① 意思为管理其他贝伊的贝伊，相当于省长，贝伊是土耳其人对长官的称呼，地位次于帕夏。

德里亚·多利亚出身的多利亚家族乃是热那亚著名的政治家族，其祖上一直是热那亚城邦政治的重要参与者，家族有多人担任执政官。

时间倒回到1527年，当时，安德里亚·多利亚刚在法国人的帮助下夺得热那亚统治权。他率领热那亚舰队，会同法国人和土耳其人向那不勒斯及西西里岛的西班牙舰队采取行动，切断了两地之间的联系，迫使查理五世全力关注地中海。但是很快，他与法国人之间便因萨伏内城的归属问题而爆发冲突。查理五世乘机离间，安德里亚·多利亚如同其他雇佣兵领袖，待价而沽。从结果来看，皇帝开出的价格无疑更高。其实，还有一个极为重要的原因——热那亚的银行家看中了西班牙人在美洲获得的大量金银。在今后的漫长岁月里，银行家将作为西班牙王室最主要的金融代理人汇兑货币。热那亚商人也成为西班牙控制下地中海地区最大的贸易商，在西班牙和意大利南部的每一个港口都能看到他们忙碌的身影。

◎ 安德里亚·多利亚

1528年8月，安德里亚·多利亚宣布其海军效忠于查理五世。他很快便被查理五世授予帝国海军元帅一职。之后，他将率领他的海军在地中海与海雷丁一决胜负。

怒海争锋——争夺地中海的三国战争

太阳既照耀你，也照耀他人，它特别想看看亚当的遗嘱，以便知道亚当是怎么分割这个世界的。

——弗朗西斯一世致查理五世的宣言

1532年，安德里亚·多利亚率领他新筹建的庞大舰队进入东地中海，先后攻占勒班陀和科龙。

苏莱曼因此紧急召回海雷丁，任命他为奥斯曼帝国海军总司令，并授予帕夏称号。1534年，海雷丁不负众望，率舰队

◎ 土耳其舰队

击退了多利亚的进攻。随后，海雷丁根据苏莱曼的命令，开始谋划控制地中海的行动。当时，奥斯曼帝国的策略是在西地中海南岸获取一个网状结构的港口系统，以此控制从直布罗陀到的黎波里的整个北非海岸。经过深思熟虑，海雷丁将目标瞄准了哈夫斯王朝统治下的突尼斯。

哈夫斯王朝由阿布·扎卡里亚建立，其统治者曾一度取得哈里发的地位。最强盛时期，王朝的控制区域从安达卢西亚一直延伸到的黎波里塔尼亚。因为突尼斯港在地中海的地位，其商业贸易十分发达，并与欧洲保持着紧密的联系。突尼斯港口地区耸立着供天主教商人居住的商队旅馆，他们按国籍分别居住其中。1270 年，这里的富庶引起了法国人的贪欲，法王圣路易为此发动了一次十字军远征，但法王不久便因鼠疫死在了军营。最终，双方签订条约，突尼斯人以 21 万盎司黄金的赔款换取了十字军退兵，由此可见突尼斯当时的富裕。

1534 年 8 月，海雷丁挥师攻占了突尼斯。突尼斯苏丹穆雷·哈桑仓皇逃到查理五世的宫廷请求庇护。突尼斯是古迦太基的所在地，地理位置重要。如果海雷丁以此为基地，将随时对西西里形成威胁，遏制哈布斯堡对地中海的控制。因此，查理五世很快便决定帮助穆雷·哈桑夺回突尼斯。1535 年 7 月，查理召集了一支由西班牙人、德意志人和意大利人共同组成的庞大舰队，这支舰队拥有 300 艘舰船及 3 万名士兵。查理御驾亲征，登上了一艘飘扬着 80 面金色帆布旗帜的豪华大帆船。起锚时，查理自称“上帝的旗手”，发誓要彻底击败异教徒。

不过，查理五世在为远征准备时，潜伏在意大利的法国间谍便刺探到了他的兵力编成及作战企图，并立即报告给了弗朗西斯一世。法王收到情报后，又通过一名派驻在佛罗伦萨、以神父身份作掩护的间谍，将这重要情况送到了苏莱曼的宫廷。

当时，战舰主要是以划桨为动力的单层甲板平底桨帆船，每艘战舰约有 150 名桨手和 200 多名水手及士兵。这种战舰甲板长约 120 英尺、宽约 15 英尺，甲板两侧均设置 25~30 张条凳，每张条凳坐 3 名桨手。这些桨手都是奴隶，由罪犯或者战俘组成，他们终日与条凳为伍，漂泊海上，饱尝鞭笞之苦。每个桨手各划一支桨，每支桨长 29~32 英尺，重 120 磅，桨的三分之一位于甲板内，对伸出甲板的部分起平

◎ 桨帆战舰

◎ 横帆战舰

衡作用。在没有风浪的情况下，其机动性要比一般帆船好。

在当时的海战中，火炮已经得到了广泛使用。炮台通常设置在战舰的船头或者船尾，炮台火力相当可观，设有1门60磅炮、2门16磅炮以及5门小炮。不过，当时的战术仍是撞击和强行登船，战舰上安装着撞击用的金属冲角。海战开始后，指挥官首先要做的便是调动位置，然后正面突击与迂回。朝着敌船冲去时，火炮齐发。乘着混乱，桨手们拼命划桨，将冲角撞入敌舰的上部。最后，士兵们一拥而上，通过起着桥梁作用的冲角强行登上敌船，在甲板上进行肉搏战。

此时，一种新式战舰也在慢慢成型，并在16世纪末期开始取代单层甲板平底桨帆船。15世纪后期，大西洋沿岸国家的造船师们开始设计建造一种新式帆船，他们将一块块厚木板围绕简单的船体框架用木钉组装起来，增加了船体规模。同时，在船上设置三四个桅杆，用来张挂不同的方形帆和三角帆，极大增强了船只的适航能力，甚至能在逆风状况下行驶。随着大帆船的出现，船上的火炮设置也有了极大改进，设计师们在军舰舷侧开挖了炮孔，将大炮设置在船体。炮身整体铸成的前膛铜炮也替代了原先的后膛铁炮，前膛铜炮的炮管不容易炸裂，还可以发射60磅重的炮弹，直接打穿敌舰的木板。1588年，英国人首先使用重炮射击战术，彻底击溃了西班牙人的无敌舰队。

因此，当多利亚的舰队出征时，海雷丁已做好了迎战准备。不过海战打响时，突尼斯城内的天主教奴隶砸碎镣铐，发动了起义。海雷丁失去后方基地，不得不率领他的舰队大部突围，转移至阿尔及尔港。

穆雷·哈桑再次登上了突尼斯苏丹的宝座。他兑现承诺，向查理称臣纳贡，割让了沿海一些领土供查理建立要塞。突尼斯战役给查理带来了极大的荣耀：查理大奏凯歌而归，在巴勒莫、墨西拿和那不勒斯沿途暂停时，居民热烈欢迎这位“非洲和亚洲的欧洲捍卫者”。入城时，一些燕尾旗上写着：“从旭日东升直到夕阳西下”。

◎ 海雷丁的战舰复原模型

突尼斯战役是一次巨大的胜利，但它并没有解除奥斯曼舰队对西班牙北非属地的威胁。查理缺乏足够的财力拿下阿尔及利亚。法国国王路易十二曾向意大利佣兵队长贾科默·特里弗尔基奥咨询：“如何征服意大利？”佣兵队长回答：“国王发动战争需要三件东西，第一，金钱；第二，金钱；第三，还是金钱。”如果离开金钱，再天才的谋略也无法实现。

战争不仅仅是军事能力的较量，更是财政能力的较量。一个5000人的西班牙步兵军团进行一次战役的费用至少是40万杜卡特。查理虽然拥有帝国，但他的帝国不能集中资源。虽然哈布斯堡家族一直统治着神圣罗马帝国，但由于历史原因，皇帝们除了拥有皇帝头衔，并没有约束大小诸侯的实际权力。帝国设有一个由皇帝不定期召开的帝国议会，但议会达成的决议对各自为政、各霸一方的诸侯并没有实质约束力。德意志有约250个政治实体，每个地区都有自己的政府、法庭、议会、军队、市场甚至货币，大大小小的领地将德意志割成了碎片。

西吉斯孟皇帝就曾对着帝国议会长叹：“罗马帝国赤贫如洗，因此凡是继承德意志王位者，除了自己的祖业外，一无所有。”幸好，查理的基业在西班牙，来自西班牙的金钱使他能够勉强支撑起这场战事。正如查理五世的大臣格兰维拉在施佩耶尔的帝国会议上所说的那样：“皇帝没有从帝国取得一丝一毫的利益，以维持他的尊严。”

在接下来的两年内，巴巴罗萨·海雷丁不断骚扰巴利阿里群岛、巴伦西亚海岸和意大利南部，先后俘获了5.7万名俘虏，并多次截获了哈布斯堡王朝从美洲大陆运来的财宝。

1536年，在与苏莱曼苏丹签署了秘密联盟条约后，弗朗西斯一世再次对意大利发起进攻。海雷丁也回到伊斯坦布尔觐见苏莱曼，并受命组建一支庞大的舰队。从伊斯坦布尔传来的消息显示，土耳其海军的下个目标是配合法王在意大利的行动，远征意大利。

但海雷丁与土耳其陆军统帅爆发了激烈的冲突，这个地中海魔王决定背叛奥斯曼苏丹，率领他的海盗舰队回阿尔及尔。海雷丁一旦离去，必将对奥斯曼的海军战斗力造成巨大损失。因此，得知其消息后，查理五世皇帝与多利亚便加紧时间策反海雷丁。很快，双方使者便在帕尔卡港碰头，并举行了秘密会谈。双方约定，海雷丁将忠于苏丹的舰船想办法烧毁，然后率其舰队投靠查理五世，由此他将能重新收回对突尼斯的统治权。

正当查理五世和多利亚翘首以盼海盗王来降时，坏消息却不期而至：原来这一切是海雷丁布下的圈套。当多利亚及其舰队在港口无所事事消磨时光时，海雷丁却率领他的舰队再次出击，在希腊、意大利沿海地区烧杀抢掠。1537年8—11月，海雷丁的舰队在法国人的帮助下围攻了科孚岛。科孚岛是威尼斯人的心脏地带，一旦占有此地，可以封锁舰船在亚得里亚海的进出，因此威尼斯人花了大力气在岛上修建坚固的工事。这些工事阻止了海雷丁攻占该岛，海雷丁只好在多利亚的舰队赶来前撤退。

回过神来的哈布斯堡帝国再次纠集威尼斯和教皇国的力量，组成了一支拥有200多艘战舰、5万名士兵的庞大舰队，试图一劳永逸解决海雷丁的威胁。1538年9月，双方舰队在普雷维扎海域相遇。海雷丁的兵力为122艘战舰，联盟舰队则为157艘。

海雷丁的副手建议，在普雷维扎海岸附近的要塞内布置地面部队。事实证明，这一决策对奥斯曼舰队的胜利起了至关重要的作用。土耳其人布置在要塞内的大炮给联盟舰队带来了巨大威胁，使其不得不远离海岸线。9月25日、26日，联盟军登陆，企图攻占奥斯曼人的阵地，结果均被击败。

9月27日晚，海风渐渐停息，由于联盟舰队一开始处于逆风位置，多利亚决定借此机会抢先发起攻击，迫使奥斯曼舰队与其决战。但9月28日清晨，多利亚惊讶地发现，兵力处于劣势的奥斯曼舰队抢先发起了攻击。威尼斯人的旗舰首先被奥斯曼舰队团团围住。

多利亚将其舰队进行了如下布置：左翼是西西里岛总督冈查加·费兰特的西班牙舰队；右翼则是马耳他骑士团的舰队；多利亚的侄子安德里亚·乔瓦尼·多利亚统率4艘最快的战舰在最前方；主力舰队则由他亲自率领排成一长列；紧随其后的

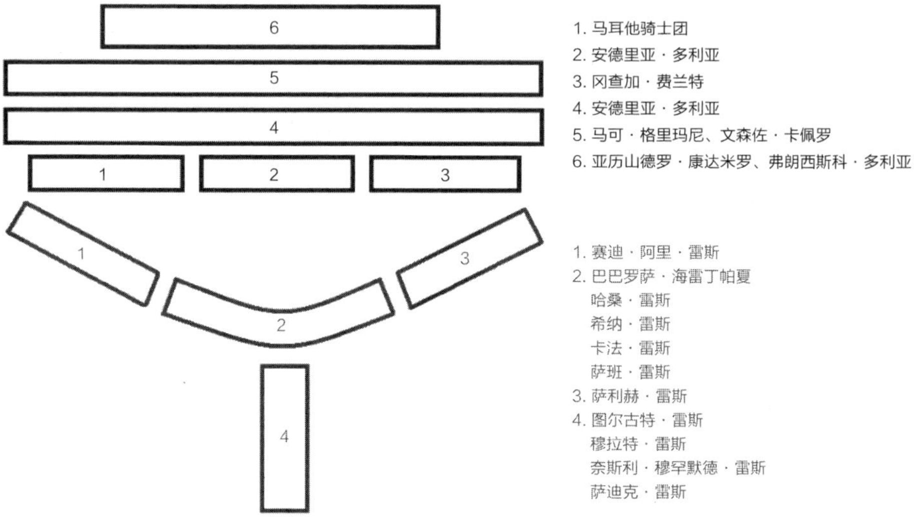

◎ 普雷维扎海战双方布阵

是教皇国和威尼斯的舰队。

奥斯曼舰队则排成一个Y型阵型：海雷丁及其子哈桑·雷斯居中，两翼则由其他将领统率。土耳其人凭借风势迅速靠近威尼斯、马耳他及教皇国的军舰。多利亚试图通过战术机动吸引土耳其人进入其包围圈，但并未成功。由于缺乏风力，联盟舰队的三桅帆船成为固定靶子。第一天的战斗结束时，联盟舰队被击沉10艘、烧毁3艘战舰，另有36艘战舰及3000人被俘。

次日，风向转变为顺风，但不愿冒险的多利亚不顾盟友的请求，率领西班牙及热那亚舰队率先脱离了战斗。最后，联军被海雷丁打得大败，损失了上百艘战舰，势力大减。

而海雷丁最大的损失却是暴风雨带来的——这年的11月11日，38艘海盗船被地中海巨浪打得粉碎，幸存的船员好不容易上岸后又被阿尔巴尼亚的山民尽数杀死，财物也被洗劫一空。

借此战胜利，海雷丁夺取了包括克里特岛在内的爱琴海诸岛。威尼斯人则付出了高昂的代价，不仅丧失了大片海外领地，支付了高达30万金币的巨额战争赔偿金，还需每年向土耳其缴纳贡赋，其海上霸业就此终结。

1541年秋，查理五世遭受了海上惨败

◎ 普雷维扎海战

后开始病急乱投医，他决定征伐阿尔及尔。他。此时，一份奥斯曼人海军大将准备背叛苏丹的情报送上了他的案头。原来，驻守阿尔及尔的奥斯曼海军副统帅加桑·阿加太监准备背叛他的主人，献出阿尔及尔港，他要求皇帝迅速派舰队支援。

皇帝阅后不禁大喜。因为阿尔及尔港是奥斯曼人在西地中海最重要的据点，此时已成为叛教者的天堂，成千上万名天主教的叛教者生活于此，并以走私为生计。他们通过不法途径走私盐、铁、硝石、火药等违禁品，使海雷丁的势力愈发强大。一旦拔除这一心腹之患，海雷丁将失去其后方基地，不能再对查理五世在意大利、西班牙等地的领土构成威胁。

查理五世为了这次征战，决定再打造一支强大舰队。他除了付给多利亚和另一位海军将领勃纳德诺·德·门多萨的 18 万杜卡特建造战舰外，又在那不勒斯、西西里、卡斯蒂利亚等地筹措了近 48 万杜卡特的巨款用来造舰，各个港口挤满了工匠。当年 10 月，查理集结起舰队，浩浩荡荡向阿尔及尔港驶去，这支帝国舰队由 516 艘战舰、12330 名水兵和 24000 名步兵组成。

查理的朝臣认为战争不应该选在秋季，但查理对远征充满了信心。他的大军迅速包围了阿尔及尔，但始终不见加桑·阿加太监的踪影。随后查理才发现自己又受骗了。盛怒之下，他命令大军攻城，但无法攻克土耳其人严密把守的城防。当时，连绵的大雨使得火药受潮，哈布斯堡大军的大炮成了哑炮。无奈之下，查理五世只得选择撤退，土耳其人则选择了反击。“帝国兵卒被倾盆大雨浇得头晕目眩，两脚陷入泥浆，拼命想摆脱像胡蜂般包围过来的阿拉伯人。”后来，查理在马耳他骑士的殊死奋战下才得以突围。不幸的是，屋漏偏逢连夜雨，哈布斯堡的舰队在归途中遭遇了暴风雨，14 艘帆桨船触礁、100 多条军舰被毁坏。许多船只被吹到土耳其人控制的区域，船上的西班牙士兵和水手纷纷被杀或被俘。

后来，查理被困于一个小港口。历经艰辛后，他终于与多利亚的残余舰队会合。但此时他已失去出征时的意气风发。缺衣少食的士兵不得不以猫、狗、野菜为食。多亏从西西里赶来的几艘舰船接走了他们，查理等人才免遭成为土耳其人俘虏的耻辱。此战，查理损失了近 8000 人，丢弃了大量武器装备，扫清海患的计划化为泡影。

为了展示胜利，海雷丁下令用战死天主教徒的尸骨垒成一座塔，这座“颅骨之塔”直到三百年后才被法国殖民当局拆除。

在海上遭遇挫折的同时，查理五世的欧陆霸业也遭遇到挑战。当初弗朗西斯一世在帕维亚惨败，查理五世的欧陆霸权仿佛无人能够撼动，一个世界帝国似乎已经掌握在其手中。但新的挑战接踵而至：在德意志，弗朗西斯一世利用新教诸侯与天主教保卫者皇帝之间的矛盾，不断煽动新的叛乱；在东方，奥斯曼帝国苏莱曼苏丹的脚步也日渐逼近德意志。即使在德意志本土，皇帝也遭受了新的挑战。不堪贵族和教士压榨的德国农民将一只用皮带交叉绑起的竖起来的鞋作为自己的反抗标志，进行结社联合。他们要求取消农奴制，减轻徭役和赋税，有权选举和罢免牧师。贵族们的答复则是血腥的刑罚。为了挣脱镣铐，农民们蜂起反抗，德国农民战争的烽火就此燃起。流血一旦开始，便难以停止。最后，数以十万计的德国人丧身于这场战事，德意志的土地被鲜血浸透。

在意大利，法王再次兴风作浪。意大利的诸侯们害怕皇帝乘机扩张，为了维护亚平宁半岛的均势，再次与法国靠近。1526年5月22日，法国国王与教皇、米兰、威尼斯、热那亚及佛罗伦萨结成科尼亚克神圣同盟，此时距离弗朗西斯一世被释放不到一周。同盟决定支持法王出兵，驱逐北意大利的皇帝势力。他们甚至邀请帕维亚战役的胜利者、皇帝在意大利的驻军司令佩斯卡拉侯爵担任盟军司令，开出的筹码是一旦驱逐皇帝的势力，将给予侯爵那不勒斯的统治权。不过，佩斯卡拉侯爵并未入彀，而是将此密谋报告给了查理五世皇帝。然而没多久，这位将军便因旧伤去世，查理五世失去了一位得力臂膀。

◎ 查理五世戎装像

一个月后的6月25日，帝国议会在斯佩耶尔开幕，天主教代表再次提出实施“沃尔姆斯敕令”，路德派代表则要求实施改革。正当双方争吵不休时，苏莱曼的大军在易卜拉欣帕夏的率领下，侵入了匈牙利。

当此关头，皇帝只能选择妥协，萨克森、黑森等地的诸侯乘机强化了对教会的控制，使教会从属于邦国君主。教皇则指责皇帝是“伪装起来的路德分子”、“异端分子的领袖”。弗朗西斯与查理的战争已变成科尼亚克神圣同盟与神圣罗马帝国的战争。为了拆散科尼亚克神圣同盟，查理五世又一次发兵意大利。此次，查理雇用了蒂罗尔的佣兵统帅弗伦茨贝格，条件是他可以在意大利纵兵大掠筹措军饷。弗伦茨贝格以仇视教廷著称，在德意志，流传着他的一句名言：“如果我到了罗马，我就把教皇绞死！”

为了向罗马进军，弗伦茨贝格当掉了他的城堡及所有财产，募集了1万名佣兵，这些佣兵均属路德派。他率领他的队伍于1526年11月越过阿尔卑斯山，1527年2月，他同波旁公爵统辖的西班牙部队在皮亚琴察会师，并连战连捷，一路向罗马进军。

教皇无力抵抗，只得宣布愿意接受和谈，并拿出6万杜卡特贿赂佣兵不侵入教皇国。佣兵们却认为这笔钱实在是太少了，他们之所以不远千里来到意大利，就是为了能

◎ *弗伦茨贝格*

够劫掠罗马城。哗变的佣兵们包围了波旁公爵的帐篷，弗伦茨贝格企图弹压，但无济于事，反而被气得中了风。波旁公爵无法控制军队，只得同意继续向罗马前进。

1527 年的复活节前夕，一位狂热的隐士在罗马的街道上大叫道："罗马，忏悔吧！他们对待你将如上帝对待索多玛城和蛾摩拉城。"末日即将来临，不久罗马城便将遭受一次可怕的洗劫。波旁公爵给教皇写了一封信，希望能得到 30 万杜卡特来安抚他的士兵，但教皇无法筹集到这么多钱，他最多只能筹到 15 万杜卡特。

5 月 6 日，佣兵们在大雾的掩护下攻入了罗马城。在瑞士佣兵组成的卫队的殊死掩护下，教皇最终撤到天使堡，189 名卫队士兵有 147 人战死。此战筑就了瑞士雇佣兵的忠诚之名，因此在之后数百年间，教廷一直雇佣瑞士人作为自己的卫队。直到现在，仍有 100 名瑞士人为教皇的安全服务。

波旁公爵在这场进攻中不幸战死后，这支军队再也无人约束。冲入城中的乱军把这座城市变成了地狱——无论是教堂还是医院，学校还是图书馆，抑或是孤儿院，他们都不放过。富人们被拷打要求交出隐匿的财物，红衣主教被牵着在街道上游行示众，修女和贵妇则被衣衫褴褛的粗野士卒轮奸。教皇的冠冕被穿在一个士兵身上，这个士兵在众目睽睽下一本正经地模仿教皇说着祝祷词。

洗劫罗马的消息传来时，查理五世正在瓦拉多里德观看一场比赛。他大吃一惊，立即中断了为长子菲利普举行的洗礼庆贺活动，并安排在宫中举行追悼会。他下令在教堂里为教皇获释而祈祷，但在他致总督的信中却写道："被俘的教皇要等到条件允许时方能获得自由。"

随后不久，罗马城的尸体便开始腐烂，到处都是难以忍受的恶臭。瘟疫开始在城中蔓延，许多人染病死去。洗劫罗马的佣兵也不例外，疾病使佣兵们很快只剩下一半人。

教皇被困在天使堡的塔楼内，看着罗马城被淹没在血河中，还有士兵带着王冠和首饰，装扮成莫洛赫神①向他示威。6 月 6 日，教皇被迫签订了一份和约，同意支付 40 万杜卡特，并割让皮亚琴察、帕尔马、摩德纳等城市。

① 古代腓尼基人信奉的太阳、火、战神，祭莫洛赫神时以儿童为祭品。

罗马城在这次洗劫中损失了至少 400 万杜卡特，这次浩劫被天主教世界当作天灾，也标志着意大利文艺复兴时代就此结束。伊斯拉谟如此评价这场浩劫：“这不是一个城市的毁灭，而是一个世界的毁灭。”

英国和法国开始考虑援救教皇，他们想通过订立和约救出教皇——教皇支付查理 200 万杜卡特，查理释放教皇和法国王子，并退出教皇国。查理拒绝了这一要求。随后，法王弗朗西斯一世与英王亨利八世签订《亚眠条约》，约定共同对查理作战。1527 年 8 月，法军进入伦巴第，封锁了米兰，并把帕维亚烧杀一空，报了当年的一箭之仇。次年，法军再次攻入那不勒斯王国，在热那亚人的海军支持下切断了那不勒斯与西西里的联系。但因安德里亚·多利亚叛变，法军失去了海上支持，再加上疟疾在法国人的军营肆虐横行，法军无法继续围困，只得撤退。

失去最后希望的克莱芒七世只得选择投降。此时，查理也因没有好好处置教皇，将面临天主教世界的联合反对。此外，国内的宗教冲突也日趋激烈。1529 年 6 月 29 日，查理五世与教皇克莱芒七世签订《巴塞罗那条约》。查理恢复了罗马教皇的领地，帮助美第奇家族重返佛罗伦萨，以换取教会对皇帝的支持。教皇则同意为皇帝加冕，并正式封赐其那不勒斯国王的头衔，允许皇帝的军队在教皇领地内自由进出。

同时，奥斯曼人在东线发起了进攻。1529 年夏，为了援助在匈牙利的傀儡统治者约翰·扎波良，苏莱曼再次派大军征讨匈牙利，并一路进入奥地利境内。当年，拉约什二世战死后，奥地利大公斐迪南曾与匈牙利大贵族约翰·扎波良争夺匈牙利的统治权。哈布斯堡家族与亚盖隆家族有着双重联姻，查理的弟弟斐迪南娶了亚盖隆家族的安娜，拉约什二世则与查理五世的妹妹玛丽结为夫妻，因为这一层关系，斐迪南称自己才是匈牙利王位的合法继承者。

◎ 约翰·扎波良

1529 年秋，大维齐尔帕尔加勒·易卜拉欣帕夏率领 10 万人的大军将维也纳城团团围住，企图一举占领哈布斯堡王朝的首都。苏莱曼对奥地利大公斐迪南的使者说：“告诉他，朕希望在摩哈赤的战场上，或者是在佩斯城见到他，要是他不来拜见朕，朕便赏赐他维也纳城墙下的一场大战。”苏莱曼口中“来自维也纳的矮子”斐迪南，却以 2 万人坚守维也纳。冬季到来时，双方都筋疲力尽，寒冷的冬雨给奥斯曼人漫长的补给线带来了大困难，并最终迫使奥斯曼人撤军。但是，奥斯曼人对维也纳的围攻震惊了整个天主教世界，以至于教皇都准备与神圣罗马帝国皇帝查理五世联手组建新十字军。

随后不久，筋疲力尽的法国与神圣罗马帝国便再次和解。皇帝的国库此时也已空空荡荡，为了支付高额军费，查理五世甚至宣称想要把托莱多这座城市卖掉。最终，查理的姑母尼德兰摄政玛格丽特与弗朗西斯一世的母亲萨伏依的露易丝进行了会面，两人于1529年8月签订了被称作“夫人和约”的《坎布雷和约》。法国支付120万杜卡特赎回两位作为人质的王子，同时放弃对意大利、佛兰德斯、阿图瓦、阿拉斯和图尔奈等地的权力要求。

◎ *1529年维也纳之围*

不过，这只是暂时的休战。双方舔舐着伤口，时刻筹划再次决一胜负。正如伏尔泰所说：“查理五世和弗朗西斯一世之间的纠纷和他们在欧洲造成的动荡具有这样的特点：时而坦率直言，时而口是心非；一会大发雷霆，一会言归于好；彼此猛烈诋毁，转眼又不弃前嫌。”

1530年2月，教皇在博洛尼亚为皇帝举行了加冕礼，这也是神圣罗马帝国皇帝最后一次在意大利的土地上加冕。

暂时解决了意大利和法国方面的威胁后，查理再次将视线转向德意志。1530年，帝国议会在奥格斯堡召开，此时土耳其人刚从维也纳撤退，皇帝再次企图弥合新旧教诸侯之间的分歧。但事与愿违，双方在会场上展开了激烈的辩论，结果不欢而散。萨克森选帝侯、勃兰登堡选帝侯、黑森伯爵等贵族及一批帝国城市在会上公开发表了《奥格斯堡告白》，宣布决裂。1530年末，新教诸侯代表在施马卡尔登召开会议，商讨应对天主教诸侯之策，并于次年2月结成施马卡尔登联盟，联盟包括3个选帝侯、4个公爵和15个城市。这一联盟规定，由萨克森选帝侯和黑森伯爵轮流担任盟主。

接下来的十年时间里，施马卡尔登联盟不断壮大，奥格斯堡、法兰克福、汉堡等重要城市纷纷加入，控制的领土很快便与取得宗教改革胜利的北欧各国相连。这一联盟很快引起了法国的兴趣，对一切能够削弱查理的举措，弗朗西斯都不吝于尝

◎ 查理五世及其敌人（从左至右分别为：苏莱曼一世、克莱芒七世、弗朗西斯一世、查理五世、克里维斯公爵、萨克森选帝侯、黑森伯爵）

试。法王对本国的宗教改革派不惜血腥镇压，但“敌人的敌人就是朋友”，双方很快结成了反对哈布斯堡皇帝的同盟关系。

1532 年夏，苏莱曼第三次征讨匈牙利，奥斯曼人的三十万大军再次直逼奥地利。奥斯曼人甚至在行军途中，用 120 门大炮在前开道。当此生死存亡之际，连与皇帝一向不和的新教领袖马丁·路德也站出来大声疾呼：“一定要迎击并击退土耳其人！”为了团结新教徒，皇帝在纽伦堡召开的帝国议会上宣布，无限期延长与新教徒之间的宗教和解，以换取新教诸侯支持对奥斯曼人作战。最后，在查理五世皇帝的请求下，帝国议会同意发兵 4 万人，皇帝与奥地利大公斐迪南又自费筹集了 3 万人。就这样，皇帝终于集合了欧洲历史上最大规模的一支军队。

在距离维也纳 100 公里的贡斯要塞，克罗地亚贵族尤利西奇·米克洛什率领 700 多名勇士英勇抵抗。无休止的大雨使得道路一片泥泞，运输大炮的车队深陷泥浆中无法前进。奥斯曼大军在城下裹足不前 25 天，苏丹的马尾标志迟迟无法插上这座小城。奥斯曼人先后 11 次攻入城中，然后被守军赶出城外。这一意外打乱了苏莱曼的军事部署，秋季的淫雨霏霏再次使奥斯曼军的补给出现困难，苏莱曼见决战的有利时机已经不再，便草草退兵。

1533 年夏，奥地利大公斐迪南为了保住自己的领土，派遣使者来到君士坦丁堡，与苏莱曼签订了和约。斐迪南向苏莱曼称臣，与大维齐尔互称兄弟，并每年支付3万杜卡特金币。

在奥斯曼苏丹的支持下，约翰·扎波良在匈牙利权力之争中占得上风，但在奥斯曼与奥地利之间，他必须保持微妙的平衡，防止被吞并。他一方面向苏丹称臣纳贡，一方面又与斐迪南达成协议：无子嗣的他同意在死后将其所统治的匈牙利领地赠与斐迪南，但斐迪南必须帮助他抵抗土耳其人的进攻。但不久约翰·扎波良便娶了波兰国王齐格蒙特一世的女儿伊莎贝拉为妻，很快有了一子。有了继承人的扎波良，转而希望借助波兰人和土耳其人的力量抵制斐迪南。

约翰·扎波良去世后，斐迪南宣布扎波良的第二次婚姻是非法的，并率军攻入佩斯。同时，他向苏莱曼保证，如果他斐迪南统治匈牙利，他会完全接受苏丹的宗主地位。不过，苏莱曼并不愿意看到哈布斯堡的崛起，率军再次击败斐迪南，并将匈牙利并入奥斯曼领土，建立了布达行省。约翰·扎波良的儿子被封为特兰西瓦尼亚大公。留给斐迪南的只有西部和北部的一些高地。

1535年，查理五世出征突尼斯时，法王弗朗西斯心中再次燃起了征服意大利的野心火焰。米兰公爵斯福扎已在当年去世，没有子嗣继承爵位。因此，法王要求将米兰公爵领地赐予其次子亨利，这一要求毫无疑问被查理断然拒绝。次年，弗朗西斯的法军便再次侵入意大利，很快夺取萨伏依和皮埃蒙特，并攻占了都灵。土耳其人也在法王的请求下采取了相应的行动：派遣舰队西进。而皇帝则在热那亚舰队的支持下攻入普罗旺斯，包围了马赛，同时在北线扫荡了法国的香槟地区。

1538年，在教皇保罗三世的调解下，弗朗西斯一世与查理五世在尼斯举行了会晤。会面时，气氛颇为融洽。弗朗西斯送给查理一枚钻戒，上面刻有这样一行字：爱的凭证和表征。查理则从颈上解下一条金羊毛项圈交给弗朗西斯。双方再次停战，签署了为期十年的尼斯停战协定，该协定肯定了《坎布雷和约》，并约定双方各自保留占领的土地，萨伏依和皮埃蒙特的三分之二领土由弗朗西斯保留。

但这次停战只维持了三年。1542年7月，弗朗西斯一世以两名法国密使在帕维亚附近被暗杀为理由，再次向查理五世宣战。这两位密使身上携带着法国与奥斯曼的盟约。奥斯曼土耳其帝国也再次配合发起进攻。查理则与英国国王亨利八世结成了同盟。

当时，斐迪南为了夺回匈牙利，组建了一支新十字军，骑士们来自除了法兰西与威尼斯之外的欧洲地区。法国第一时间将此消息通报给苏丹，使苏莱曼有足够时间去增援布达，击败十字军的进攻。

1543年，法国和土耳其从两线向哈布斯堡帝国发起了进攻。苏莱曼率领奥斯曼大军第五次出征匈牙利，他这次还得到了法国炮兵部队的支援。奥斯曼人很快便攻占了哈布斯堡王朝残留在匈牙利和斯洛文尼亚地区的大部分堡垒，并迫使斐迪南再次向苏莱曼纳贡。

◎ 停驻在土伦港的奥斯曼舰队

◎ 海雷丁围攻尼斯

弗朗西斯的法军也再度攻入意大利。法王同时还勾结巴巴罗萨·海雷丁从海陆共同对皇帝开战。海雷丁率领奥斯曼舰队挺进地中海西部地区，劫掠了意大利海滨，并停靠在法国向其开放的土伦港。在土伦港的土耳其人是如此之多，以至于一度被称作“君士坦丁堡第二”。1545年，悬挂法国鸢尾花旗帜的战船和悬挂土耳其新月旗帜的战船在尼斯城下摆开阵势，发动对尼斯城的进攻，但由于安德里亚·多利亚的救援，法军的进攻未能得逞。

不久后，海雷丁回到伊斯坦布尔。他从海军退役了，次年平静地死于家中。他的儿子继承了他的事业，继续为奥斯曼海军效力，在北非与西班牙海军厮杀。

在北线，查理的大军从尼德兰发起进攻，挺进至巴黎以北不远的苏瓦松，渡海而来的英军则攻占了布洛涅。陷入两面作战的法军再次被迫求和，此时的西班牙也已筋疲力尽，漫长的战争留给西班牙的是普遍的贫穷与破败，不断增加的赋税使西班牙农民们奄奄一息。虽然西班牙是当时最重要的羊毛出产国，但许多穷人甚至没有衣服，只能赤身裸体。为了维持皇帝在意大利的存在，帝国每年在意大利的开支有100多万杜卡特。西班牙驻热那亚的一位大使在信件中这样写道：“七个秘鲁都不足以满足皇帝在伦巴第的需要。”查理五世统治期间，所借的外债高达2900万杜卡特，债务消耗了卡斯蒂利亚岁入的68%。

此时，德意志的宗教问题也愈演愈烈，皇帝无心恋战，双方签订了《克雷皮条约》，两国再次实现了和平。

帝王们谢幕，新时代开启

基本结束与弗朗西斯的冲突后，皇帝再次将重心投入解决德意志的宗教冲突。1546年6月，查理五世与教皇保罗三世签订条约，教廷支付给皇帝20万杜卡特，并提供12500名士兵。同时，教会在战争期间将把西班牙教会收入的一半和来自西班牙各修道院领地的财产总共50万杜卡特给皇帝。

年底，查理五世正式向施马卡尔登联盟宣战。虽然施马卡尔登联盟集结了5万名士兵、7000名骑兵和110门火炮，在兵力上具有压倒性优势，但诸侯之间矛盾重重，各行其是，难以协调。重要的是，新教诸侯萨克森公爵莫里斯反戈，使皇帝的大军势如破竹。在名将阿尔巴公爵的指挥下，帝国军于1547年4月24日在米尔堡战役中大败同盟军。同盟军7000人战死、1000人被俘，萨克森选侯弗雷德里希与黑森伯爵菲利普先后被俘。

有趣的是，戎马倥偬的查理五世遇到了19岁的平民少女芭芭拉布隆伯格。他面对美丽的少女，很快坠入爱河。1547年2月，

◎ 米尔堡战役

芭芭拉产下一子，取名唐·胡安。

1548年5月，查理五世挟胜利之威颁布了《奥格斯堡宗教妥协》，迫使新教诸侯接受。但是，该法令颁布时，新叛乱已经开始酝酿，来自法国的新挑战也接踵而至。皇帝的毕生之敌弗朗西斯一世于1547年7月31日去世。临终前一个月，弗朗西斯一世派人给德国的新教诸侯送去20万金币，支持他们反抗皇帝。临死前，他招来太子亨利，叮嘱他万不可受女人摆布。新继位的法王亨利二世由于当年在西班牙的人质生涯始终对查理五世怀恨在心，此时他28岁，年富力强，野心勃勃，急需证明自己强于父亲。

◎ 阿尔巴公爵

机会很快来临，1551年，新教诸侯再次联合起来向皇帝发难，这次，他们的领袖是萨克森公爵莫里斯。对莫里斯来说，信仰并不是问题，如何扩大权力才是。因此，他在支持皇帝与反对皇帝间不断摇摆。为了获取外部支持，莫里斯向法国国王亨利二世寻求支持，双方达成协议，以梅斯、图勒和凡尔登三个主教辖区作为换取法王出兵德意志的筹码。

1552 年 3 月 13 日，法王出兵 3.5 万人，经洛林进入德意志，迅速占领了莫里斯承诺的三个主教区。莫里斯则亲自带兵突袭并占领了奥格斯堡。猝不及防的查理五世狼狈逃往因斯布鲁克（今奥地利境内），莫里斯一路追击，迅速跨过巴伐利亚的阿尔卑斯山区。5 月 9 日，莫里斯追至因斯布鲁克，迫使查理连夜冒雨出逃，翻越阿尔卑斯山逃到意大利。

◎ *法王亨利二世*

查理五世逃跑后，莫里斯停止了追赶的脚步，他认为“没有这样大的一个鸟笼来关这样一只鸟”。他虽然有野心，但他知道自己的实力无法应对皇帝一旦被俘后的局势。

得到富格尔家族此时掌门人安东·富格尔 40 万弗罗林贷款的支持后，皇帝带领天主教诸侯联军杀回德意志，但最后仍不能攻下法国占领的梅斯城。查理五世见军心疲惫，苦笑道：“运气活像女人，爱少年不爱老年。”1553 年，他撤军，放弃夺回三个主教区的计划。虽然莫里斯不久便在勃兰登堡战死，但在德意志的失败已使暮年的查理五世心灰意冷。长期征战严重影响了他的健康，此时的他正饱受疾病折磨，因痛风病等疾病而全身疼痛，虚弱不堪。

1555 年 2 月，斐迪南与新教诸侯在奥格斯堡展开和谈，双方签署了《奥格斯堡和约》。和约结束了天主教和新教各邦诸侯之间的战争，制定了“教随国定”的原则，承认各邦诸侯及其臣民有权选择信仰天主教还是路德新教。和约还规定，1552 年前新教诸侯占有的天主教会土地和没收的天主教会财产不再归还；但凡领有教职教产的诸侯和高级教士，如皈依新教，应立即放弃其职位、土地和俸禄。和约巩固了德意志信仰新教的诸侯势力，并为他们的割据行为提供了合法依据。

1556 年，查理五世退位，其捏合起来的哈布斯堡帝国也一分为二，弟弟斐迪南将继承其德意志的领土，成为神圣罗马帝国皇帝；西班牙、意大利、美洲及尼德兰与弗朗什孔泰的领土则交由其子菲利普统治，是为菲利普二世。他不得不接受自己“重建统一天主教世界”梦想的破灭。退位后的查理五世隐居在一座修道院中，于 1558 年 9 月 21 日病死。

菲利普继承查理五世庞大的西班牙帝国时，也继承了巨大的责任。在大西洋，他将与新兴起的英格兰人对抗；在尼德兰，新教徒不断掀起新的背叛；在地中海，他还要继续与奥斯曼帝国作战，保护地中海沿岸的领土。为了世界帝国的梦想，浩大的军费开支吸干了西班牙的血液，美洲运来的金银再多也填不满这个无底洞。菲利普二世于 1559 年、1575 年、1598 年三次宣布国家破产，繁华一时的富格尔家族也因为西班牙王室欠债不还，于1607年宣告破产。

苏莱曼大帝的生命此时也走向了终点。奥斯曼帝国苏丹的继承实行一种开放式的竞争制度，每位王子都有可能继承大位，苏丹将他们安排在不同的地区治理地方或征战，只有最有能力的王子才能脱颖而出。新苏丹一旦即位，所做的第一件事便是将其兄弟侄儿全部杀死，甚至是姐妹。“征服者”穆罕默德二世曾这样规定：“我的任何一个儿子，由真主选为苏丹，他为了更好的世界秩序而杀死他的兄弟们都是恰当的，大多数乌里玛已经宣告了这个许可。”

苏莱曼的儿子中有四个活到了成年，他们是穆斯塔法王子、塞利姆王子、巴耶济德王子、吉汉吉尔王子。其中，最出色的无疑是穆斯塔法王子。他是苏丹另一位宠妃居尔巴哈尔生的，另外三人则均为许蕾姆所生。当时，奥地利驻伊斯坦布尔的大使认为穆斯塔法有卓越的天赋，并这样评价他：“他的教养出奇的好，深谋远虑，二十四五岁正是当君王的好年龄，希望上帝不要让和他一样充满力量的野蛮人靠近我们。”更为重要的是，穆斯塔法还得到了大维齐尔帕尔加勒·易卜拉欣帕夏的支持。

如果不出意外的话，穆斯塔法将登上苏丹的宝座。苏莱曼驼背的儿子吉汉吉尔曾经斗胆问苏丹，说他身体有残疾，能否逃脱兄弟相残的命运时，得到的回答是：“我的儿子，穆斯塔法将会成为苏丹，并会把你们全部杀死。”

为了保住儿子的生命，许蕾姆必须扳倒心腹大患穆斯塔法王子。虽然她没有掌握朝臣和军队，但她懂得苏丹的心。同所有的专制独裁者一样，苏莱曼对穆斯塔法及帕尔加勒·易卜拉欣帕夏的组合产生了疑忌，权力是如此诱惑人，使得即使如苏莱曼般英明的君主也被蒙住了双眼。

阴谋的第一步是除掉穆斯塔法在朝廷中最大的支持者易卜拉欣帕夏。易卜拉欣帕夏受命出征波斯萨菲王朝期间，受许蕾姆的指使，大量指控易卜拉欣帕夏专权傲慢的报告送到了苏丹的案头，使苏莱曼对这位能干的“百官之首”越发不满。许蕾姆甚至勾结法国驻奥斯曼宫廷的大使参与此次阴谋。在不断的攻讦中，苏莱曼相信易卜拉欣帕夏背叛了自己，于1536年将其处死。之后，在许蕾姆的策划下，支持穆斯塔法王子的大维齐尔哈迪姆·苏莱曼帕夏和重臣胡斯雷夫帕夏也因贪污受贿的罪名先后被罢免。许蕾姆的女婿如斯丹帕夏被任命为新的大维齐尔。

在宫廷内部，许蕾姆又故意激怒居尔巴哈尔，使其在失去理智的情况下对她动了手。这一过程又在许蕾姆的安排下被苏莱曼碰巧看见了。苏莱曼看到爱妃被欺凌后大发雷霆，将居尔巴哈尔及穆斯塔法逐出了宫廷。

但穆斯塔法一日不死，就随时有可能回到宫廷，在军队的支持下成为苏丹。针对穆斯塔法王子的新阴谋在暗室中继续策划。1552年，奥斯曼帝国再次出兵波斯，如斯丹帕夏被任命为远征军统帅。在行军过程中，如斯丹帕夏将伪造的穆斯塔法王子请求波斯“沙阿”[①]太美斯普一世助其废黜父皇的信转呈给苏莱曼苏丹，同时又散布谣言，称近卫军将拥立年轻的穆斯塔法王子为苏丹，王子已接受近卫军的邀请。

次年夏天，远征军回国途中，苏莱曼苏丹将自己的大帐驻扎于埃雷利河谷，并命令穆斯塔法前来觐见，让他自己洗清指控。穆斯塔法赶来进入大帐时，便遭到了苏丹身边宦官的攻击。最后，穆斯塔法倒在地上，被宦官们用绞索绞死。苏莱曼在旁边亲自指挥了这一猎杀行动。

1558 年，许蕾姆去世。次年，许蕾姆的儿子塞利姆在苏莱曼的支持下战胜了另外一位王子（许蕾姆的儿子巴耶济德），成为苏丹唯一的继承人。1566 年，苏莱曼去世，塞利姆继位，是为塞利姆二世。这位苏丹登基后嗜酒如命，以至于得到了“酒鬼”塞利姆的外号。奥斯曼帝国的盛世在“酒鬼”苏丹的统治下就此结束，伴随而来的是三百多年的漫长衰落期。1571 年，为了喜爱的葡萄美酒，塞利姆甚至派了一支强大的舰队占领塞浦路斯。

弗朗西斯一世、查理五世、苏莱曼一世的时代结束了，但是新的英雄此时正站在舰桥上，瞭望着大海深处，他便是查理五世的私生子——唐·胡安。不久，他将在勒班陀海战中赢得无上荣光，开创一个新的时代。

---

① shah，波斯统治者的称号，“王中之王”的简称，古代波斯语中相当于皇帝的头衔。

陆法和：不败的魔术师

作者：常山日月

魔术一词其实是外来语，我国史书将其称为“幻术”，民间俗称“变戏法”。早在西汉元封三年（公元前108年），汉武帝就举行过百戏盛会，节目中既有中国的传统幻术“鱼龙曼延”，又有大秦（罗马）魔术师表演的吐火、吞刀、自缚自解等西域幻术。

魔术按流派可分为道具魔术和心灵魔术二种。前几年风靡一时的刘谦正是道具魔术的个中高手；心灵魔术则包括读心术、群体催眠乃至预言等超自然能力，极为神秘。相比道具魔术师的人多势众，心灵魔术师可谓寥寥无几，数百年才出一个人才。譬如《诸世纪》的作者法国人诺查丹玛斯（1503—1566年），其惊世预言竟被欧洲君王深信不疑。不过，诺先生只有预言能力，并不精通其他魔术，可见心灵魔术修行的难度之高。我国历史上却有一位不论道具魔术还是心灵魔术都炉火纯青的超级魔术师——南北朝奇人陆法和。

陆法和，生卒年不详，南朝梁武帝萧衍统治后期方现于史册。从姓氏上，有人大概以为陆法和出身于南朝著名的世家吴郡陆氏。其实不然，他的来历根本是一个谜，就连陆法和这个名字都是自称。此人宛如“火星来客”一般，出现在梁朝荆州汶阳郡高安县紫石山（今湖北远安），衣食住行一如苦行僧，以带发修行的居士身份传授当地蛮族人佛法。他还精通医术，有人生病就采药免费治疗，不出三服即可痊愈，蛮族人大为钦服，纷纷拜其为师。

梁武帝中大通初年，在紫石山居住已久的陆法和无缘无故出走，把家搬到了江陵（今湖北枝江）附近长江中的百里洲。中大通四年（532年），汶阳蛮族酋长文道期在北魏荆州刺史贺拔胜的煽动下发动叛乱，声势浩大，梁荆州刺史湘东王萧绎连派王僧辩、淳于量（陈朝开国功臣）两员名将围剿年余才将其平定。汶阳山区横遭兵革，平民死伤惨重。从陆法和与当地蛮族的良好关系来看，他能获知蛮族的造反图谋不在话下。这就是陆法和的魔术初次亮相，但是荆州汉人从此认为他能够未卜先知。

陆法和一鸣惊人后，民间开始流传对其进行神化了的各种段子：有人说他是出自嵩山，遍游天下的仙人；还有位蛮族长老言之凿凿，说小时候就见过云游中的陆大师，如今自己老态龙钟，陆大师容貌却一如往昔。乍看不可理解，其实这种魔术被电影《致命魔术》生动地演绎过，就是父子兄弟传承，使用同一套装扮和名字轮流出场。

对于这些传言，陆法和不置可否，可是关于他的神奇传闻却从此一发不可收拾：

1. 八叠山中毒虫猛兽众多，陆法和就为其做法受戒，这些动物从此不再

◎ 日本人制作的陆法和形象

伤人。

2. 陆法和常在湖泊中停船做标志，宣布此刻此处为放生之地，渔夫在该地就打不到鱼，即使偶尔打到，也会刮风打雷，一旦放生，风雨就会停息。

3. 一个小弟子为好玩砍了一条蛇的蛇头，后随众多弟子前去听课，陆法和见到他就指着其裤裆问："你为什么杀蛇？"小弟子才发现蛇头咬着自己裤裆不放，当下哭求师傅救难，陆法和于是让他忏悔，为蛇做了法事，蛇头消失。

4. 陆法和北上襄阳，在城北某棵大树下画出二尺见方的一个圆圈，让弟子在这里挖掘，发现一只长达一尺半的大乌龟。他用手杖敲打龟壳笑道："你困在此处已经数百年了，若不是遇到我，怎能重见天日呢？"这只乌龟在放生途中三次转身向陆法和点头谢恩后方才消失在草丛里。

5. 陆法和会看风水，经常教人避祸求福。有人想试试刀快不快，就找了头牛，一刀砍下牛头。陆法和见到他就说："有一只断头牛正急着向你索命，若不做点善事积德，一个月内你的报应就来了。"这个人嗤之以鼻，几天后却重病而死。

6. 陆法和曾对某人说："你不要把马系在石磨上。"数日后，这个人去乡间访友，还把马系在门外的石磨上。他走进门后，突然想起陆法和的告诫，马上出来解马，但马已经被石磨夹死了。

以上这些神乎其神的事迹，都可以用魔术表演来解释。第一点，这些动物很可能是由陆法和及其蛮族弟子驯养的，然后在合适的时机放出来演戏。第二点，使用药物在一定时间内将某处水域的鱼驱赶一空并不困难；至于风雷，从后来发生的战事来看，陆法和精通天文；自己人出场打鱼，风雨如期而至，雨停后弟子们便到处宣传陆大师的神功。大家先入为主，日后

◎ 陆法和放生之地，渔夫在该地打不到鱼。

◎ 陆法和为蛇做法事

打鱼偶有雷同就主动附会，与当今那些股评预测大师的粉丝有异曲同工之妙。第三点，很可能是已经在中国失传的群体催眠术，此魔术据说在印度尚有流传，但需要施术人拥有极强的精神力量。至于四五六点，是魔术表演中的“双簧”。魔术固然精彩，不过这样下去，陆法和只能出点名、得点钱财，难有进一步的发展。事实上，唐朝史学家李延寿作《北史》，就把陆法和归在艺术一档。

不过，把陆法和当作方士看待，实在是小看了他。梁武帝是著名的佞佛之人，对佛教徒极为礼敬，却留不住达摩祖师这样真正的高人。梁朝境内诸多主持高僧都是欺世盗名，大发横财之辈，像陆法和这样费心尽力在穷山恶水中治病传教的绝无仅有。其实，陆法和这么做自有深意。他并无背景，自然挤不进早已被瓜分好的江南宗教势力范围，只能在文明尚未开化的蛮人中大收弟子，广施恩惠，再通过表演魔术提高声望，反过来影响文化水准较高的汉人信服自己，可以说手法十分高明。

梁武帝太清元年（547年），东魏大将侯景遣使以所部十三州之地降梁，梁朝举国欢腾。南郡士族出身的朱元英将此消息传给陆法和，陆法和激动地说：“贫道（南北朝时僧道通用自称）跟檀越（梵语音译，即施主）一起打侯景去。”朱元英差点没栽到地上，反问道：“侯景反正，要为我国效力，大师为何说要去打他呢？”陆法和见鸡同鸭讲，就打了个禅宗的机锋：“正自如此。（因为这样所以打他。）”侯景投降，萧梁兵不血刃得到南朝自刘宋就丢失的淮北河南要地，全国上下沉浸在收复中原的狂热情绪中，陆法和语出惊人，也难怪代表梁人普遍心态的朱元英大惑不解。

这些梁人看不到的是，侯景为人野心勃勃。生前一直压着他的东魏权臣高欢刚死，他就迫不及待举兵反叛。河南是四战之地，侯景本来诈降西魏，西魏太师宇文泰先派兵抢占侯景地盘又征其入朝长安，情知对方不傻的侯景方才降梁。这种阴险狡猾的“百战之余”怎肯甘心位居人下？萧梁朝中并非没有人才，如儒学大师何敬

◎ 萧绎传世真迹职贡图

容、周弘正，宗室老人萧介都指出侯景反复小人，必定反叛乱国。可惜三人言论杯水车薪，昏聩的梁武帝并不听从，不但与东魏绝交宣战，更册封侯景为大将军、大行台、河南王，侯景兵败失地成为丧家犬后还将其安置在淮南重镇寿阳。

不出一年，倍受萧衍宠任的侯景即在寿阳起兵反叛，渡江南下包围了梁都建康。对比三位能得到第一手情报资料的朝臣，身在民间的陆法和竟也能够看透侯景的心肝，政治水平之高一目了然。此时，陆法和正在青溪山云游，朱元英找到他询问道："侯景现在包围了台城，事情接下来会怎样？"陆法和回答："采摘果实应当选择它成熟的时候，不摘自落。檀越等到侯景这个果实成熟就可以了，何必多问？"朱元英悟性不高，坚持打破砂锅问到底，陆法和不胜其烦，只得泄露天机："亦克亦不克！"

为《资治通鉴》做音注的宋朝学者胡三省和司马光一样，是个子不语怪力乱神主义者。他对陆法和这句天机的评价如下："亦克，谓侯景取台城；不克，谓景终于败也。法和若设为两端之言，使人莫之测，而卒之言验。"

前半句解释得精彩，后半句笔者认为有待商榷。当时表面情况是三国鼎立，北方战乱不已，承平日久的梁朝是实力雄厚的大国。侯景拥有的是北方最低贱的羯人身份，根本得不到南方士大夫的支持。而梁朝宗室强盛，各地牧守将领绝大部分是萧衍的子侄孙辈，抵达建康的勤王军队已过 20 万人。侯景放弃根据地，以 8000 名孤军围攻建康，在常人看来纯属自杀行为。萧衍在确定侯景叛乱后还哈哈大笑："无知小儿，朕折断一根马鞭就能打死他。"可见上至天子，下至平民都不把侯景叛乱当回事。陆法和却高深莫测，那句果实论已经透露了侯景能够攻克建康做大的玄机，又说出侯景终会灭亡的预言。胡三省轻描淡写地说陆法和是在诡辩，恐怕不能服众。

纵观陆法和一生，他事事先知先觉，却每每话说一半，从不轻易泄露天机。应该说他的政治眼光实在太强了，完全看穿了梁朝腐朽统治的本质。萧衍是沽名钓誉之人，喜欢搞一些表面上的善事，内心其实极度自私。没有才能的弟弟、侄子、儿子多次谋反，他一再宽大处理；前太子萧统聪明灵秀深得人望，却被这个虚伪老爸寻事逼死。对皇族和士大夫"宽厚仁爱"，对平民百姓却刻薄寡恩。老头子的荒谬行为早使得国内矛盾重重，对亲属的放纵更换来满门孽种：侯景围台城，萧家子弟无不幸灾乐祸，期盼萧衍和太子萧纲赶紧被干掉，自己好抢登大位。将熊熊一窝，各路援军出工不出力。期间，萧衍发出的各项糊涂指令也和侯景配合得天衣无缝，20 万援军坐视建康被攻破后一哄而散。86 岁的萧衍饿死，成为天下笑柄。

侯景乱梁成功看似运气，其实是梁朝统治集团内部各方利益合力的结果。侯景是个破坏型枭雄，视人民如草芥，只知武力胁迫不得民心。他不过是打开潘多拉魔盒，当出头椽子罢了。笔者作为后辈旁观者清，陆法和身为当局者也不迷。预知能力何其了得!

梁简文帝萧纲大宝二年(551年),席卷了江东繁华之地的侯景全军攻击梁朝宗室中实力最强的荆州刺史萧绎,并将其主力包围在巴陵。随后,侯景派大将任约率精兵5000人逆流而上,袭击兵力薄弱的荆州首府江陵。由于萧绎先前在内斗中杀死侄子湘州刺史萧誉,萧誉的弟弟雍州刺史萧詧和叔叔势如水火,不惜投靠世仇西魏与荆州为敌。萧绎腹背受敌,兵力捉襟见肘,情势万分凶险。

耐心等候侯景那颗果实成熟已经四年之久的陆法和,终于在这个紧要关口出山。他前往江陵求见萧绎,要求帮助王爷去打任约。萧绎自然知道陆法和在荆州的名头,陆大师请缨参战等于是以其“未卜先知”的名声来挺自己,传达的信息就是“萧绎必胜,侯景必败”。何况,陆法和根本没问他要兵卒粮械,简直就是雪中送炭。虽然救兵如救火,萧绎还不忘使手腕——他立即为陆法和开出信州刺史(治白帝城,萧衍八子益州刺史武陵王萧纪所控制)的空头支票,允许其自行募兵和大将胡僧佑一起去阻击任约。陆法和从自己的蛮族弟子中挑选了800名精壮,与胡僧祐部1000余人会合。老将胡僧佑对这不足2000人的“乌合之众”毫无信心,出发前哭别家人,认为此战自己必死无疑。与之对比鲜明,初次领兵作战的陆法和乐观之极,他登船后对着梁军大笑:“贫道有无量兵马!”

陆法和鼓舞士气的魔术当然不止这一招。江陵一带建有很多祠堂,荆州人经常在此祈祷许愿,据说很灵验。自从陆法和率军出发后,就没有一次灵验过,军中传说这些神灵都跟随陆法和到前线去了。陆法和带兵作战仍然禁止打猎杀生,如果有人违反,就会有猛兽半夜出现袭击此人,或者此人的船缆会莫名丢失。任约军听说陆法和这些“神力”后也开始疑神疑鬼。

六月初二,陆胡联军和任约在赤沙湖决战。战前,陆法和不穿铠甲,乘坐快船顺流而下,直到距任约军营一里处方才返回,这已是强弓劲弩能射及的范围。陆法和身为主将以身犯险的行为大壮军威,梁军人人抱定了有进无退的决心。陆法和趁热打铁,把侦察敌情的行为说得悬乎不已:“凡水上作战,必有龙神助阵。今天贫道贴近观察,发现对方的龙神已经睡着,我军的龙神却气势十足,一定要趁此良机进攻。等到明天出手也可以,还能不伤一人就获胜;但是天道好还,若那样做,整个战役我们会付出惨痛代价!”随后,陆法和下令梁军利用上流之利,以火船为先锋发动总攻。听到这个命令,本来士气高涨的梁军都傻了眼。因为他们遇到一个比赤壁之战孙刘联军还麻烦的问题,就是此刻虽然有风却是吹向己方的,逆风纵火,被烧的只会是自军啊!?这当然难不倒精通天文的陆法和,但见他现身作法,用白羽扇挥舞了几下,风向马上逆转。

碰上陆法和,任约算是倒了大霉,这位百战悍将被陆大师的魔术吓得魂不附体:不但见到对方呼风唤雨,还看到部分梁军竟行走在水面上向自军冲来,全军见状完全崩溃,5000名精兵被消灭得干干净净。这种水上漂的功夫说来不稀奇,《射雕英雄传》中即塑造了个在水中打暗桩来显示自己卓绝轻功的老骗子裘千丈，对拥有人力物力又熟悉地理情形的陆法和来说，这种魔术自是小菜一碟。

战后梁军打扫战场却发现任约生不见人，死不见尸。陆法和便预言："明天午时一定能找到此贼。"到了约定时间，还是没找到任约，有人就问陆大师这次怎么不灵了。陆法和拈须微笑："赤沙湖有一处沙洲，几年前水浅时贫道在沙洲上建了一座佛塔，修建此塔就是为了标志现在任贼的所在，檀越们不妨去那里找找。"陆法和料事如神，任约一个北方来的旱鸭子，只能抱住那座塔顶藏在水里，把鼻子露出水面呼吸，梁军一拥而上将其擒获。任约南下以来罪恶滔天，自期必死，因此也不求饶，只对陆法和道："小人输得心服口服，大师请给一个痛快吧。"陆法和却安慰他："看檀越的面相，不会死于刀兵之下。而且檀越和湘东王有缘，他不会杀你，你以后还有机会为他效力呢。"随后，陆法和不顾他人反对，将任约解往江陵。萧绎果然没有处死任约，而是将他关在监狱了事。

要知道，萧绎残忍多疑，多年心腹王僧辩一言不合即被他拔剑砍成重伤；参谋萧贲因讽刺其不救老父惨遭杀害；功臣徐文盛出言顶撞结果下狱和任约做伴，最终被饿死；就连本战陆法和的搭档胡僧佑，之前还曾因为镇压蛮族起义时违反其斩尽杀绝的密旨而被监押，只不过情势危急才放出来救火。萧绎放过手上沾满南朝士民鲜血、官居侯景手下司空的任约不杀，胡僧佑等人惊得目瞪口呆：陆法和实在是个神人啊！

这就是陆法和的读心术。凭借出色的洞察力，他已经把萧绎的心理研究透了。萧绎虽无雄才大略，但饱读史书，搞起权术来颇有一套花花肠子。任约是一员勇将，难得的人才。他本是西魏将领，中途投降侯景，并非侯景的死党。此刻任约在南在北都无根基，萧绎只要付出赦他一死的成本，便能换来一条忠诚的爪牙。这么好的买卖上哪儿找去？陆法和此举不但送给萧绎一份厚礼，在荆州官员中露了一手，还卖了任约一个天大恩情，为自己结交了一个盟友，可谓一举多得。

听闻任约全军覆没，遭受了叛梁以来最大挫折的侯景连夜烧营退走。陆法和赶去巴陵，与守城主将王僧辩、副将王琳相会。席间，他再次预言："贫道生擒任约，断去侯景一臂，侯贼已不足为虑。两位檀越尽管进兵，恢复江东指日可待。"恰如陆法和所言，赤沙湖一战后，在江东杀戮过重的侯景一蹶不振，自此由攻转守，逐步走向末路。

陆法和旋即赶到江陵拜会萧绎，说道："扫灭侯景是早晚的事了。如今蜀贼萧纪要来，请大王下令贫道去把守信州。"萧绎、萧纪兄弟半斤八两，老爹被侯景包围，哥俩推三阻四，谁都不去救援。等到侯景西犯，还互相拆台。萧绎诱捕了萧纪儿子萧圆正，并收编了他的部队。萧纪就派世子萧圆照领军三万屯驻信州，名义上是救援江陵，不趁火打劫那才怪了。萧绎只得低声下气写信认错，用尽好话才把这父子俩暂时稳住。以萧绎睚眦必报的性格，心中愤怒委屈可想而知。这点小九九，陆法和岂能不知？赢得平定侯景首胜的陆大魔术师，放弃收复建康大功的奥妙，专门要去把守信州，就在于看透了萧绎。

萧绎大喜，进封陆法和为护军将军（禁军二把手）以示信任。因为萧绎实在无兵无将，难得陆法和主动表态抵挡萧纪，自然要笼络一下。得到授权后，陆法和当即全军开拔，昼夜兼程赶到信州。当时正逢萧纪退走，陆军在长江两岸的险要处修筑城池，然后沉巨石于江中，使江水分流缩窄航道，再从两岸的堡垒中拉下铁链，将江面横向封锁，这铁索横江的工程是陆法和亲自设计的。

大宝三年四月，萧纪自行称帝。同月，荆州军队收复建康，侯景败亡，王僧辩、王琳立功并列第一。拖到十一月，梁元帝萧绎方才假惺惺地登上帝位，改元承圣。陆法和驻扎在蛮族聚集的信州一年多，招收了不少弟子。他又要表演魔术了，他说道："诸葛孔明是名将，贫道见过他，他告诉贫道在白帝城埋有一斛多的弩箭。"随后在城外某地做个标记，"果然"挖出一斛锈迹斑斑的箭头，视诸葛亮为神灵的蜀地蛮族新弟子个个惊叹佩服。

承圣二年五月，萧纪亲带数万军队进逼西陵峡，陆法和飞章告急。不料此刻荆州后院起火：湘州刺史王琳因为深得军心而被萧绎诱捕，导致王部军队哗变。萧绎一面派王僧辩征讨湘州，一面将监狱中的任约放出来，答应把侄女嫁给他，然后拨给少量禁军去帮助陆法和。萧绎还使出下三烂手段向西魏通风报信，暗示宇文泰去袭击萧纪的老巢成都。谁知萧纪比七哥更混蛋，明知大后方被围，仍然热衷内战而不回援成都。陆法和以千把人的部队硬抗了两月，一再催促萧绎发援军。萧绎急得无计可施，只好释放王琳，令其戴罪立功。得到生力军后，陆法和指挥全军出击，一战就击溃蜀军，萧纪被得到萧绎密令的王琳部将所杀。陆法和生擒萧纪三个儿子送到江陵，结果被萧绎下令饿死于狱。

战后，功居第一的陆法和被梁元帝改任为郢州刺史，加都督郢州诸军事，封江乘县公。表面看，从小小的信州迁到大州是一种褒奖。然而在萧绎看来，陆法和太神奇了，举动让人捉摸不透。此时，陆法和的部下已经从最初的800人扩充到了数千人，他在蛮人中威望太高，放在信州这种边疆地区无法放心。把他调到梁朝的腹地，西有自己坐镇荆州，东有扬州的王僧辩，陆法和应该弄不出花样了。

陆法和看穿了萧绎的心思，欣然赴任。郢州商业发达，陆法和不设市场官员，只在路上放一只上锁的木箱，上面开孔，让来往商人自行对售出货物估值，把应缴税款放到箱子里。他从不动用刑法，所有的部下都呼为弟子，用佛法和西域幻术进行教化，行政治理居然井井有条。军事上，陆法和也极有前瞻性，他善做攻防器具，在郢州治所江夏（今武汉）大量制造战舰，储备战略物资。他还上书报告准备消灭襄阳萧詧，由此入武关攻灭西魏以解除梁朝边患。

恢复梁朝江北旧疆，是萧绎一再跟西魏交涉的大事。但这个提议总被宇文泰轻蔑否决。现在，陆法和主动上表为主分忧，又打着讨伐萧詧的口号行事，本来按萧家的“优良传统”，陆法和的推算得到批准十拿九稳。然而，梁元帝连忠心耿耿的小舅子王琳都信不过，怎会信任陆法和？因此，陆法和这次失算了，他的提议被萧绎再三派人加以制止。之前，陆法和一直以与世无争的佛教徒形象出现，入世以来所有事都是为了搭救萧绎，挽救南朝兴亡，居然还受到猜忌，心中自然不满。但他对萧绎仍抱有一线希望，忍不住上书提醒，再次泄露天机：“法和是佛门子弟，唯一目标就是成佛。连释梵天王都不稀罕做，会去争人间的皇位吗？只是前世跟主上在空王佛那里有过一段香火因缘，不忍见主上遭刀兵之劫，所以自作主张想助主上过关。现在被主上怀疑，想来是劫数天定。”萧绎是猪油蒙了心，根本听不懂陆法和的弦外之音。陆法和无奈，于是下令在郢州境内布斋，主食却是关中小吃大包薄饼（可能是锅盔），习惯米食的南方人对此莫名其妙。

动了气的陆法和于承圣三年三月给萧绎上了一封文书，署名朱印前不称臣，自称司徒。司徒是三公之首，只有皇帝可以授予，私人怎么可以自称呢？何况梁元帝即位前的官职就是司徒，陆法和此举让人替他捏了一把汗。猜忌成性的梁元帝却没有表现出任何不满，只是私下里问心腹尚书仆射王褒：“朕不曾有封陆法和三公之意，为什么他要自称司徒呢？”王褒回答：“他法术高超，或许已经预见到也说不定。”梁元帝思索片刻竟答道：“陆法和的功劳确实够大了，封个司徒也说得过去。”于是加封陆法和为司徒，其余官职不变。

对两人这场过招，全天下人都丈二和尚摸不着头脑。事实上，萧绎并没有授予陆法和司徒的打算，陆法和未卜先知的能力才是最让他担心的。从这次“要官”事件看来，陆法和并不能看透自己的想法，梁元帝非但不生气反而高兴。只要认定陆法和并无异能，他才懒得追究，给个司徒不算什么。其实萧绎自作聪明，中了陆法和的“反读心术”而不知，结结实实被耍了一回。陆法和以其超卓的魔术手法，仅仅三年时间就从一介布衣位极人臣！

同年十一月，萧詧不出陆法和所料，勾结西魏大军进犯江陵。陆法和立即率军抵达汉口，准备赶赴江陵。梁元帝纯属昏了头找死，宁可密召被贬去岭南的王琳和远在建康的王僧辩增援，却阻止近在咫尺的陆法和发兵，措辞还十分严厉：“荆州自己能破西魏贼军，你只需镇守郢州，不得轻举妄动。”陆法和接到旨意后心灰意冷，返回江夏后用白粉涂在城门上，身穿丧服坐在苇席上整整一天才脱掉，完全是为君主行丧的礼仪。

在此处，胡三省再次点评：“此法和预为丧君之服。设使法和果至江陵，亦不能制魏兵之攻围。此其徒欲神法和之术，詑为之言，以为能知来耳。”此话笔者更加不能苟同。之后江陵的迅速失陷，很大程度是因为城防主将胡僧佑中流矢牺牲导致士气崩溃之故。倘若陆法和入城，以他的声望、计谋和当年领千人抵挡数万蜀军两月不败的指挥才能，胜负尚未可知。即便江陵不守，以陆部下蛮族子弟的悍勇，保护梁元帝突围不成问题。江陵在江北，当时任约入援就被长江隔绝，于是统军在江南的马头筑城声援，梁元帝一度有突围投奔任约的打算，因兵少作罢。梁元帝虽然人品不好，但此人不死，南朝形势不致全盘糜烂。从稍后降齐行为来分析，陆法和服丧预见的是整个南朝帝气消亡的结局。

十二月，江陵失陷。梁元帝被萧詧处死，城中十余万军民统统被掳入西魏。陆法和又穿上丧服，哭泣着为梁元帝服丧。被西魏抓去的梁人到了关中，整天吃的就是大包薄饼！这时大家才明白当初陆法和布施的真正含义。

之后，王僧辩、陈霸先两亲家在建康拥立梁元帝第九子，时年13岁的萧方智为梁敬帝，勉强支撑。此刻的梁朝分崩离析：西魏陷益州、雍州，北齐陷淮南，西魏傀儡后梁萧詧据荆州，王琳据湘州，萧勃据岭南。可谓军阀林立，割据自雄。陆法和知道南朝已无希望，于是决定改换门庭。不过，虽然郢州距离西魏较近，陆法和却举州向较远的北齐投降，时为北齐天保六年（555年）春。

北齐文宣帝高洋马上册封陆法和为大都督荆雍江巴梁益湘万交广十州诸军事、西南道大行台、太尉。这十州均在西魏乃至梁朝的控制下，又是一张空头支票。陆法和心知肚明，请求入朝，他走后不久，与北齐本土隔绝的郢州就被高洋下令还给梁朝。高洋备下接待三公的仪仗队，在齐都邺城城南十二里处设立营帐迎接新太尉。陆法和远远望见邺城，下马踏着禹步（一种驱邪迎真的法术）开始作法。他一介南人刚投降就受封三公，北齐群臣不服气者大有人在。奉命迎接的吏部尚书辛术是侵梁急先锋，双方很可能还在战场上打过交道，见状突施冷箭：“陆公万里投诚，皇上以大礼诚心接待，你做这种法术是什么意思？”陆法和平常不多话，其实口才极好，在江南人称雄辩无敌。面对辛术的语言陷阱并不接茬，只是手持香炉一直作法步行到了馆驿。

第二天，高洋在昭阳殿接见陆法和，陆法和力辞太尉官爵，通报姓名时也不称臣，自称荆山居士。众所周知，高洋是个酒疯子，任性胡为是出了名的，经常喝醉后屠戮宗室和大臣，并且还是个大鲜卑主义者，瞧不起汉人。陆法和向北齐投降，是否智者千虑必有一失呢？答案是否定的。同年的事态发展证明一切：八月，高洋宣布灭道，强迫所有道士剃发做和尚，甚至杀了四个不服从的道士，造成北齐境内道教绝迹佛教独尊的局面。九月，梁朝发生内讧，王僧辩被陈霸先所杀，在无休止的战乱摧残下，南朝王气终被荡尽，虽有陈霸先建立陈朝，不过苟延残喘而已。

高洋相当尊重这位“荆山居士”。他赐给陆法和油络网车（涂有漆、硃丝络网的车辆）和一百名护卫，上百万钱，绸缎千匹，甲第一等的豪宅，一百顷田外加二百名奴婢。陆法和奉还护卫，免除奴婢的奴隶身份，对她们说：“各随缘去。”同时，他把得到的钱财田地都赠给她们。他还将皇帝赐予的宅所改建为佛寺，自己住在一个房间里，起居一如平民，很少见客。三年后，陆法和再次被高洋封为太尉。他依然不以三公之尊自居，一直让人叫他居士。与侍奉梁元帝时截然相反，陆法和在北齐这个后人口中的禽兽王朝保持低调，再没有亲自表演魔术，直至坐化前一刻。

大约天保十年（陆法和亡年史书没有记载，只知其卒于高洋之前，高洋死于本年十月），并无疾病的陆法和叫来众弟子，告诉他们自己大限将至。烧香拜佛之后，他坐在蒲团上安然去世。弟子们用香汤洗净他的尸身后，尸体突然开始收缩，最后缩到三尺多长。高洋得知后下令开棺查验，发现只剩空棺，陆法和的肉身消失无踪。这位魔术师的魔术表演到此为止了吗？答案是“不”！

陆法和当年曾在百里洲造了一所寿王寺，当时梁朝境内佛寺尽皆雄伟壮丽，他却故意将佛殿的梁柱截短，并且预言：“再过四十年，佛法有一次大劫难。这个寺庙所在幽僻，可以免祸。”日后，西魏攻陷江陵，梁宫被焚毁。后梁想拆毁寿王寺的佛殿修理宫室，发现梁材太短，便没有动手。北周建德三年（574年），周武帝宇文邕下令灭佛毁寺，是为历史上著名的三武灭佛之二。寿王寺因位于陈境，由是幸免。

北周建德六年，周武帝灭北齐。有人发现陆法和生前曾在自己居住的佛间墙壁上写字，然后又用涂料掩藏。如今，墙壁的表层剥落，露出了里面两句预言，分别是“十年天子为尚可，百日天子急如火，周年天子递代坐”和“一母生三天，两天共五年”。第一句预言说高洋能做十年皇帝（550—559年），他的儿子高殷只有百日天子的命（在位不足一年便被高演废为济南王），高洋的同母弟弟高演（在位一年落马重伤不治）、高湛在一年间相继登上帝位。第二句预言则说的是高欢正妻、北齐娄太后亲生的三个儿子：高洋（文宣帝）、高演（孝昭帝）、高湛（武成帝）都做了皇帝，高演和高湛一共在位五年（560—565年）。陆法和最后也最神秘的魔术，竟是在其本人去世近二十年后上演！

陆法和的一生就像他的魔术一样神秘精彩。以上事迹完全出自正史记载，其中应该有夸张讹传的成分，但要说都是后人伪造附会也不尽然。笔者能够确定的是：作为一位无与伦比的魔术师，身处乱世的陆法和于萧梁成名，却由《北齐书》作传；在南朝三年时间从布衣升任司徒，降北朝三年时间由降将两封太尉；在猜忌的君主萧绎手下扬名立万，在凶暴的北齐王朝中独善其身；佛家《高僧传》榜上有名，道家《神仙传》引为同道。

不败的魔术师，舍陆法和其谁！

致谢

在《战争事典》的编辑、出版过程中，得到了诸多军事历史研究者、爱好者以及相关文化机构、团体的大力支持，在此特表示由衷的感谢（排名不分先后）！

个人：

董治
杨超
孙斯特
张晓
查攸吟
陈修竹
梁晓天
廉震
赵开阳
陈正午
赵振华
耿煦文
卫世良
王勇
季庆丰
沃金方
秦思奕
马凯
姜文韬
叶平
张磊
李煜
许文强
宋春晓

刘欣怡
杨英杰
王诗涛
陈凌
刘啸虎
朱茜
朱秀明
景迷霞
安晓良
童轶
郭大成
董振宇
李瑜
危巍
江圣翀
张锋
王一峰
孙喆
马千
杨志民
梁伟斌
周家汉
付洪君
郑志新

王雨涵
周鹏
刘斌
胡洁
陈亮宇
王珑润
陈峰韬
付晓宇
孙朔铣
黄如一
王东
李商龙
蔡传亮
陶金
俞思佳
白晨光
廖茂宇
刘润之
白宇辰
朱怿昀
吴畋
许天成
孟驰
文峰

陈焱
寇通
张伟
张泊
章毅
杨青烨
陈翔
叶俊人
孙玲玲
魏锦
魏博
刘润之
徐岡威
史效
赵易星
席治通
张宇翔
顾皓
荣毅德
张立飞
赵恺
郑礼添
杨逸杰

单位：

渤海大学文学院
探天下影视文化公司
战甲军品资料网
北朝论坛

沈阳书尚图书工作室
War Drum Game战鼓游戏
正鹄弓箭社
中国联合弓会

作者简介

指文烽火工作室，由众多历史、战史作家组成，从事古今历史、中外战争的研究、写作与翻译工作，通过精美的图片、通俗的文字、独到的视角理清历史的脉络。

王顺君：旅德青年女作家，上海师范大学汉语言文学专业毕业，精通英、德语。中世纪历史发烧友、百度中世纪吧吧主、维基百科词条编撰者，游历过十余个国家和地区大量中世纪时代的建筑和遗迹，编译的《德国史稿：从宗教和平协议到三十年战争爆发》《十字军全史》即将出版。

邹涛：专业军事作者，致力于通过对近代世界军事技术、后勤补给、社会生活的研究探索战争成败的原因。曾在《现代舰船》《兵器》等刊物上发表过多篇文章。

不朽如梦：文史爱好者，致力于中国军事历史题材文章写作，参与过《秘密战三千年》《战争事典》等图书的写作。

常山日月：专业作者，精通中国古代历史，并致力于日本古代历史，中世纪欧洲历史研究。曾担任凤凰网历史版版主、TOM 网渔樵耕读版版主，在《中华遗产》《百家讲坛》《国际展望》等刊物发表多篇文章。

本书创作团队

指文烽火工作室主编：原廓　副主编：郭廷春 余思

主创：刘晓 丁秀群

视觉：王星 周杰

营销：何单 牟燕红 胡小茜 陈晶 王婕

官方网站：www.zven.cn
天猫店：zwhxts.tmall.com
投稿信箱：zven@zven.cn
营销电话：023-67039872

指文官方微信平台
请用微信扫描二维码，
或搜索 ID：zvenbook 即可！